E. Raynaly

Les Propos
d'un
Escamoteur

ÉTUDE
CRITIQUE ET HUMORISTIQUE

*Prestidigitation
Magnétisme, Spiritisme*

PARIS
IMPRIMERIE ET LIBRAIRIE DE CH. NOBLET
13, RUE CUJAS, 13

1894

8ᴰR
1309

LES PROPOS
D'UN ESCAMOTEUR

E. RAYNALY

LES PROPOS

D'UN

ESCAMOTEUR

ÉTUDE
CRITIQUE ET HUMORISTIQUE

Histoires, Souvenirs, Réflexions, Observations
et Confidences sur les Prestidigitateurs,
Physiciens, Escamoteurs, Magiciens,
Illusionnistes, Thaumaturges, Charlatans,
Banquistes, Spirites, Jongleurs,
Trucqueurs, Hypnotiseurs et Magnétiseurs.

PARIS

IMPRIMERIE ET LIBRAIRIE DE CH. NOBLET
13, RUE CUJAS, 13

1894

AVANT-PROPOS

Le livre que nous prenons aujourd'hui la liberté de présenter au public, aux amateurs et à nos confrères, n'est pas un livre de tours ; nous n'entendons initier personne aux mystérieuses manœuvres de notre fantastique profession.

Assez d'autres, sans nous, se chargent de ce facile et intempestif travail. Aujourd'hui tout le monde s'en mêle ; quantité de journaux et de revues offrent périodiquement à leurs lecteurs le moyen de se montrer aimable et savant en société.

J'ignore le bénéfice que peuvent en tirer les personnes qui lisent ces explications, je doute qu'il soit fort important, attendu que l'art de la prestidigitation ne s'enseigne pas à l'aide de descriptions écrites, si ce n'est quand elles s'adressent à des déjà initiés.

Il faut tenir compte que nous parlons ici de la prestidigitation vraie, de la seule et unique prestidigitation, de celle dont l'accès est si difficile que les adeptes sérieux en sont bien rares; notre assertion ne porte pas sur ces tours, parfois ingénieux, mais qui s'exécutent à l'aide de boîtes, instruments ou trucs quelconques, dont il est toujours possible de donner une explication plus ou moins exacte et surtout plus ou moins compréhensible.

Cette facile besogne est à la portée de chacun, nous en avons, hélas ! la preuve par l'abus qu'on en fait, et les savants rédacteurs de ces divulgations n'ont qu'à consulter les nombreux ouvrages existant déjà, ils conviendront avec nous qu'il y a là simplement un travail de copiste, rien de plus. Ces braves gens se montrent à bon marché Doctus cum libro, car tout ce qui s'imprime aujourd'hui a déjà été dit et redit, et bien mince est le mérite de ces compilateurs sans talent et sans vergogne.

Il n'existe en prestidigitation que deux ouvrages dignes d'être consultés par ceux qui se livrent à ces amusements, ce sont : 1° ceux de Robert-Houdin et 2° la Sorcellerie expliquée de Ponsin.

Il était naturel que le premier fît un livre; sa compétence et sa grande réputation lui en faisaient presque un devoir.

Son livre, fort bien fait et très intéressant, peut être utile aux amateurs ainsi qu'à ceux qui se lancent dans la carrière; nous y avons puisé nous-même de bons enseignements alors que nous en étions à la période d'études.

Le second n'était pas un professionnel, c'était un amateur, son excuse est là, et nous pouvons lui accorder le bénéfice des circonstances atténuantes en raison de la bonne facture de son livre.

On peut encore citer comme mémoire les travaux antérieurs de Guyot, Ozanam Decremps, le Testament de Jérôme Sharp et son Codicille, etc., mine inépuisable à laquelle viennent emprunter encore aujourd'hui les infatigables compilateurs.

En somme, chaque profession a ses traités ; ceux-là suffisent largement, d'autres sont superflus, attendu qu'il n'y a pas à faire mieux.

A part les œuvres que nous venons de citer, il n'y a donc rien qui vaille, et ce n'est pas une récente production qui nous fera changer d'avis à cet égard, attendu qu'on n'y rencontre aucun fait nouveau, aucune idée originale.

Il ne nous paraît donc pas, il ne nous a jamais paru utile de faire un livre de ce genre ; une récente polémique a montré combien nous étions opposé à toute espèce de divulgations.

Quant aux divulgateurs à outrance, laissons-les exercer leur mauvaise et coupable industrie, c'est à eux surtout qu'elle fait du tort. Les malheureux ne semblent pas comprendre qu'ils tirent sur leurs propres *troupes, qu'ils se tuent eux-mêmes en dévoilant publiquement les secrets d'un art qui vit précisément du mystère dont il doit toujours être entouré, si l'on veut qu'il donne, au point de vue de l'effet, son maximum d'intensité.*

Ces gens-là ne nous paraissent pas doués d'une saine logique, il leur manque un sens, le bon; il y a chez eux quelque chose de malade, la cervelle, et leur cas relève plutôt de la pathologie.

Et pourtant nous protestons surtout pour le principe, car nous ne nous sentons pas personnellement atteint ; nous opérons en effet dans des conditions qui nous mettent à l'abri de ces manœuvres, notre genre n'étant pas, en tant que divulgations, descriptible par la plume, et le serait-il, que le plaisir deviendrait plus grand encore à voir exécuter des tours dont on serait capable de mieux comprendre et apprécier les beautés et les difficultés.

Ces diverses circonstances, jointes aux

révélations faites dans les journaux et revues, à tort et à travers, à tort surtout, ont attiré l'attention du public sur la corporation des prestidigitateurs, magiciens, illusionnistes, etc.

Il nous a, en conséquence, semblé opportun de faire la monographie de cette intéressante phalange.

Nous espérons, par cette étude, intéresser tout le monde, aussi bien le public que les professionnels, les profanes que les initiés. Notre livre s'adressera donc à tous, car si la prestidigitation offre un caractère un peu spécial, nous y parlerons du magnétisme et du spiritisme dans des conditions inattendues; nous donnerons sur ces mystérieux sujets des détails qui seront une véritable surprise. Nous avons la prétention de croire que ce sera au moins aussi intéressant que de lire la manière de faire une omelette dans un chapeau ou de faire passer une carte dans un cigare, en offrant ce cigare « de préférence à un monsieur », comme le dit naïve-

ment l'auteur d'un livre auquel il est fait allusion plus haut.

Tout art, y compris celui qui nous occupe, a son esthétique, sa psychologie et sa physiologie, sa morale et sa philosophie; il a son histoire et ses célébrités.

Nous nous occuperons de tout cela au cours de cette étude. En dehors de toute divulgation professionnelle, nous entendons faire d'intéressantes confidences.

Libre de toute entrave, nous nous proposons, selon le cas, de louer ou de critiquer sans parti pris, comme sans condescendance, tout ce qui nous paraîtra louable ou critiquable. Nous ferons défiler devant le lecteur, avec leurs défauts et leurs qualités, leurs coutumes, leurs splendeurs et leurs vicissitudes, la secte si variée des « mystérieux », c'est-à-dire tout ce qui s'intitule : Physicien, Prestidigitateur, Escamoteur, Illusionniste, et, par extension, tout ce qui est Fakir, Nécromancien, Astrologue, Charlatan, Banquiste, Saltimbanque, Bateleur,

Jongleur, Spirite, Hypnotiseur, Magnétiseur et autres trucqueurs.

Cette fantastique nomenclature est à elle seule une promesse; nous la remplirons aussi largement et aussi agréablement qu'il nous sera possible.

Et maintenant à l'œuvre, et gare les taches! car si nous entendons être juste, nous serons aussi sévère à l'occasion, sans négliger cependant de faire une large part au côté humoristique, car nous ne sommes pas ennemi d'une douce gaieté, au contraire.

Nous souhaitons surtout une chose : c'est que cette fantastique étude soit lue avec autant de plaisir que nous en avons eu à l'écrire.

LES PROPOS D'UN ESCAMOTEUR

I

APERÇUS GÉNÉRAUX

Une qualification. — Qualité et quantité. — Relations diaboliques. — La vocation. — Amateurs et professeurs. — L'art décoratif.

A tout seigneur tout honneur ! et puisque c'est la prestidigitation qui m'inspire ce mirifique bouquin, c'est du prestidigitateur en général que je parlerai tout d'abord.

Les personnalités auront leur tour.

Je passerai sous silence l'étymologie de la redondante dénomination qui nous qualifie, perdant ainsi volontiers l'occasion de faire de l'érudition à bon marché. Je n'aurai donc pas à signaler les sources latines et à analyser les procédés qui ont servi à élaborer ce vocable, destiné à remplacer celui d'escamoteur, beaucoup plus en situation, à mon sens, mais tombé en désuétude et un peu déprécié à cause d'une application désavantageuse que l'on en fait couramment, quelquefois très à dessein, d'autres fois aussi sans penser à mal, du moins j'aime à le croire.

Quel est celui de mes collègues qui n'a pas été plus ou moins victime de cette aimable plaisanterie ?

« Ah ! vous êtes prestidigitateur, monsieur ? Diable ! il faut que je fasse attention à mes poches alors ; n'allez pas m'escamoter ma montre, au moins, ou mon porte-monnaie, etc. »

Il est toujours flatteur de s'entendre dire de ces choses-là, on a l'air d'avoir constamment ses mains dans les poches des autres ; c'est alors que, douloureusement affecté de cet inconvénient, apparut un sauveur !

Un amateur, évidemment distingué, comme tous les amateurs, résolut de faire cesser les inconvénients d'une qualification aussi compromettante et confectionna l'expression destinée désormais à nous désigner plus congrûment.

Cet amateur portait un nom orné de la particule, c'était donc un amateur particulier. Remercions-le, si vous croyez que ce soit nécessaire, et n'en parlons plus.

Si le lecteur désire avoir de plus amples renseignements à ce sujet, je le renverrai aux excellents ouvrages de Robert Houdin ; on y trouvera là-dessus, et sur bien d'autres choses, des détails qui prouveront que l'auteur savait se servir de sa plume aussi habilement que de sa baguette magique.

Mon intention n'est pas de faire ici de l'histoire rétrospective, surtout avec les documents des autres ; je veux rester tout entier dans la modernité des temps actuels, comme pourrait dire cet excellent M. Prudhomme.

Mais je ne pouvais moins faire que de dire quelques mots sur une expression qui sert à qualifier l'honorable corporation, d'autant plus que ce mot lui-même est menacé de disparaître dans un temps plus ou moins éloigné, car on a pu remarquer, depuis quelques années déjà chez nos plus éminents « professeurs », une certaine tendance à changer encore une fois d'étiquette, pour se faire appeler « illusionnistes ».

Certes, le mot n'a rien qui puisse déplaire, son euphonisme est suffisant et sa logique satisfaisante ; il dit assez bien ce qu'il veut dire et offre en plus le précieux avantage de se prêter moins facilement à d'équivoques allusions. C'est un coup sérieux porté aux spirituelles plaisanteries sans cesse rééditées sur le mot escamoter ; beaucoup de personnes y regarderont peut-être à deux fois avant de dire : Ah! j'espère que vous n'allez pas « m'illusionner » mon porte-monnaie.

En présence d'un aussi précieux résultat, il serait bon d'encourager ces ingénieux novateurs; malheureusement ce n'est pas avec des mots que l'on change la face des choses. Chacun peut s'intituler comme bon lui semble, certains même abusent de cette permission, mais ces fantaisistes mutations n'ont qu'une influence très indirecte sur la somme de talent que chacun possède.

Beaucoup d'illusionnistes ne sont pas suffisamment à la hauteur des illusions qu'ils prétendent produire; il y en a même qui n'y sont pas du tout.

Pour quelques-uns qui illusionnent dans des conditions assez normales pour être dignes de quelques éloges, combien eussent été mieux inspirés en reportant leurs aspirations sur une profession plus en rapport avec leurs aptitudes !

Ne faisant aujourd'hui que d'imparfaits illusionnistes, ils auraient peut-être remporté de brillants succès dans la ferblanterie, la pose des robinets ou le pavage en bois ! Il en résulte que ces ratés, qui s'appellent légion, ne jettent sur l'art de la prestidigitation qu'un éclat tout à fait insuffisant.

Les amateurs d'illusions peuvent cependant se

réjouir, car le nombre des illusionnistes est grand, il en surgit constamment d'invraisemblables quantités; il doit y en avoir quelque part une importante usine. Malheureusement la qualité des produits laisse souvent à désirer : on ne peut pas tout avoir!

Parmi ces adeptes de l'art, il en est, hélas! qui, non contents de vouloir produire des illusions, sont parfois obligés de s'en nourrir. Ce genre d'alimentation peut offrir quelques avantages au point de vue digestif, mais fera difficilement une sérieuse concurrence aux bifteaks, gigots de mouton et autres volatiles. Nous ne pouvons moins faire que de nous apitoyer sur le sort de ces faméliques victimes d'un art qui doit, en certains cas, leur paraître un peu trop fantastique.

Certains d'entre eux n'hésitent pas à annoncer, par voie d'affiches, qu'ils entretiennent avec le diable des relations très suivies. En effet, ils sont presque toujours en train de le tirer par la queue, opération qui demande des aptitudes spéciales mais qui n'offre que d'insignifiants bénéfices; il est vrai qu'il y a beaucoup de concurrence.

Ne nous abimons pas davantage dans ces désolantes réflexions, nous aurons toujours assez à y revenir au sujet de certains détails. Occupons-nous pour le moment de justifier au mieux la généralité de ce chapitre.

Je continuerai à me servir du mot prestidigitateur, en dépit de sa longueur et de la difficulté qu'éprouvent certaines personnes à le prononcer.

Escamoteur aurait cependant mes préférences. Mais toute considération mise à part, admettons que l'expression a vieilli et qu'elle n'est plus d'un usage courant.

Illusionniste me semble un peu maniéré et, d'ailleurs, est encore un peu jeune ; magicien serait trop archaïque et sorcier trop moyen âge ; tenons-nous en donc à prestidigitateur.

Ceci convenu, car j'espère que personne n'y verra d'inconvénient, voyons un peu quelles sont les qualités requises pour être digne de cette interminable qualification.

Brillat-Savarin, qui n'a, du reste, absolument rien à voir dans l'affaire, a dit ces mémorables paroles :

« On devient cuisinier, mais on naît rôtisseur ! »

Cet aphorisme culinaire n'est peut-être pas très en situation ici et je le cite tout simplement pour avoir l'occasion de formuler cette variante :

« On peut devenir physicien, faiseur de tours,

pianiste, dentiste ou pédicure, mais il faut naître prestidigitateur ! »

C'est à prendre ou à laisser.

En effet, quel que soit le désir que vous puissiez avoir de stupéfier vos semblables en escamotant les divers objets qu'ils voudront bien vous confier, ou en leur faisant de ces tours de cartes si merveilleux en certaines mains, il vous faudra bien en rabattre. Il faudra renoncer à cette folle prétention, si le génie de l'adresse ne vous a pas touché de son aile lors de votre naissance, et si, à ce moment tout à fait psychologique, vous n'avez pas été doué d'un sens tout spécial, d'une essence tellement subtile et particulière que l'analyse en est presque impossible.

Il s'agit ici d'une adresse qui n'est pas celle de tout le monde ; un jongleur habile, un équilibriste de talent sont évidemment des gens adroits, il se peut cependant qu'ils soient incapables de faire de bonne prestidigitation.

Un pianiste, un violoniste sont des artistes qui ont assurément les doigts déliés ; il n'en est pas moins vrai qu'un simple saut de coupe peut leur être inaccessible.

Il est bien entendu que je parle ici du véritable prestidigitateur et non du monsieur qui, plus ou moins élégamment, vous fera sortir différents objets d'un chapeau, dans lequel il aura préalablement fait une omelette ou autre farce de même valeur.

Ce genre d'opération peut avoir quelque succès auprès d'un public enfantin ou devant les sujets de l'empereur du Maroc, mais n'a généralement, surtout aujourd'hui, aucune action sérieuse sur un public intelligent. Il lui faut autre chose que ces anodines récréations, lesquelles ne réclament qu'un certain chic de présentation, d'ailleurs assez rare, et qui, en dépit même d'une exécution supérieure, ne seront jamais que du domaine des « cuisiniers ». Or, tout le monde peut le devenir, comme l'a si bien dit le savant gastronome cité plus haut.

Il n'en est pas de même du prestidigitateur, qui doit d'autant plus intéresser son public que celui-ci est plus intelligent. Seulement, voilà! tout le monde ne peut pas aller à Corinthe, et, pour n'être pas faite en latin, cette citation n'en est pas moins fort applicable ici.

J'en ai eu la preuve auprès de plusieurs amateurs, auxquels j'ai eu l'avantage de donner des leçons; dans le nombre il s'en est trouvé qui m'étaient certainement supérieurs soit en esprit, soit en intelligence ou en savoir : ils n'avaient, d'ailleurs, à ce sujet, pas de grands efforts à faire ; mais, malgré ces avantages, malgré une grande bonne volonté et un ardent désir d'arriver à un résultat, ils ne sont parvenus, en majeure partie, qu'à faire des opérateurs d'une remarquable faiblesse.

Je le répète, il faut être doué, hors de là pas de salut ! Encore n'est-ce point suffisant. Il faut avoir le goût et la vocation, cette vocation qui vous donnera la force et la patience nécessaires pour mener à bonne fin une série d'études et d'exercices passablement arides.

Beaucoup d'élèves, qui avaient d'abord rêvé d'égaler et peut-être de dépasser les maîtres, se sont vus contraints de rester de simples « cuisiniers », ou même d'abandonner complètement un art pour lequel ils n'avaient, sans doute, qu'un caprice passager au lieu d'un véritable amour; autrement, leur réussite eût été plus certaine, puisque l'amour, dit-on, enfante les héros et les chefs-d'œuvre.

Il n'en est pas moins vrai que je connais bien des « amateurs » qui feraient très bonne figure auprès de certains « professeurs ». Il y a pour cela une foule de raisons qu'il serait fastidieux de développer ici. Une telle énumération deviendrait trop technique et, par conséquent, trop sérieuse; alors ça ne serait pas drôle, ça ne l'est déjà pas de trop, car, lorsqu'on y pense, on arrive à faire de douloureuses constatations.

Par exemple, une chose bien amusante à observer, c'est la facilité avec laquelle nos modernes magiciens se décernent le titre de « professeurs ». Nous ne serions pas fâché de faire connaissance avec l'académie qui les a gratifiés d'un diplôme de ce genre; malheureusement, cette académie attend encore son Richelieu. Il est fâcheux qu'il n'en surgisse pas un nouveau; une pareille assemblée pourrait offrir quelque chose d'intéressant, les séances y seraient peut-être moins littéraires que celles du bout du pont, mais elles seraient certainement plus pittoresques. Je suis persuadé qu'on y entendrait une foule de choses fort réjouissantes.

N'espérons pas cela, ce serait trop drôle, et la gaieté n'est pas ce qui paraît dominer chez les adeptes de l'art; mais il n'en est pas de même de la prétention, si l'on en juge par cet usage immodéré de titres et de sous-titres.

Dès qu'un brave garçon se sent pris d'une belle passion pour la magie, qu'il a pu, moyennant une somme quelconque, se procurer quelques instruments dits de physique et que, grâce à des efforts plus ou moins laborieux, il est parvenu à introduire « habilement » dans un chapeau une douzaine de balles à ressort ou autres ingrédients de ce genre, en ne se laissant voir que des trois quarts des spectateurs, il s'intitule carrément :

professeur de prestidigitation ! Le plus souvent, ce grade universitaire dont il se gratifie si libéralement lui-même, ne suffit pas à son ambition désormais dévorante: il ajoute à cela une foule de titres plus fantastiques les uns que les autres. Il s'improvise volontiers président honoraire de l'Athénée de physique de Tulipatan ou de Gerolstein, membre correspondant de quelque société aussi savante que complètement inconnue, et il a toujours eu l'honneur d'opérer devant plusieurs têtes couronnées des cinq parties du monde et autres lieux circonvoisins des plus éloignés.

C'est un peu l'amour du panache, mais ce pompeux étalage a surtout pour but de frapper l'imagination, selon lui naïve, des indigènes de Château-Gontier ou des naturels de Pont-à-Mousson. Malheureusement pour lui, cette naïveté a été mise déjà à de rudes épreuves par de malencontreux collègues. En présence de certains résultats négatifs, notre homme a de trop fréquentes occasions de réfléchir amèrement sur la vanité des grandeurs humaines, et, bien souvent, il échangerait volontiers tous ces grands titres de gloire contre un seul petit titre de rente.

Je m'empresse d'ajouter que ce portrait ne prétend pas dépeindre la corporation toute entière. Celle-ci compte assurément dans son sein quelques membres qui, à part le titre de professeur, très goûté et très employé, se contentent d'un panégyrique moins fantaisiste de leur personnalité et se bornent à une plus modeste énumération de leurs avantages respectifs.

Ce ne sont ni les plus bêtes, ni les moins adroits.

Mais il en est qui, vraiment, dépassent la mesure dans la confection de leur programme. Il y a des rédactions beaucoup plus stupéfiantes que les expériences qu'elles annoncent. Je me propose, dans un chapitre ultérieur, d'en donner quelques échantillons. Il y a vraiment de quoi se tordre, si j'ose me servir de cette expression peu académique, mais fort usitée.

Il en est qui, par des moyens bien connus et à la portée de presque toutes les bourses, sont parvenus à se procurer une décoration aussi étrange qu'étrangère. Alors, ce n'est plus seulement le professeur, mais le chevalier un tel, cela fait aussi bien sur l'affiche qu'à la boutonnière. Quelques-uns, et ce sont les malins, ne se font aucune illusion sur la valeur de la « distinction » dont ils ont été l'objet ; ils en portent tout bonnement le montant au chapitre des frais généraux, c'est simplement un outil de plus.

D'autres, plus accessibles aux idées de gloriole, finissent par croire que c'est arrivé, et s'accordent volontiers un mérite transcendant. Désormais, c'est d'un air tout à fait protecteur qu'ils regardent ceux de leurs collègues qui ne sont pas plus ou moins fraîchement décorés.

La vérité est que toute cette mise en scène ne leur donne pas un pouce de talent de plus. Il est vrai que cela ne leur en retire pas non plus, heureusement !

Dire qu'il a simplement dépendu de moi d'être aussi bombardé chevalier et même mieux, ayant été longtemps en butte aux obsessions d'un rastaquouère qui possédait un merveilleux assortiment d'ordres fort décoratifs, dont il était fort libéral, moyennant finances ! J'ai cru devoir refuser, mettons que ce soit par modestie ; j'aurais, en tous cas, éprouvé une bien mince satisfaction en mettant à ma boutonnière une décoration dont la facture eût été dans ma poche.

Le personnage en question était lui-même, et est peut-être toujours, un peu prestidigitateur et aussi magnétiseur, ce qui, d'ailleurs, est un cumul fréquent. Inutile d'ajouter qu'il était aussi officier et chevalier de plusieurs ordres, particulièrement d'industrie. J'aurai certainement occasion d'en reparler dans un chapitre d'ordre moins général.

Il convient de dire que l'article — décoration — ne s'arrête pas là. La corporation compte dans son sein jusqu'à des commandeurs. J'en connais un qui a, dans son « château », plusieurs pièces dont les murs sont tapissés de diplômes divers. L'impartialité m'oblige à reconnaître qu'il n'est pas sans talent. Mais c'est égal, quel génie ! quel artiste ! quel .. justement !

Le personnage dont je parle plus haut possédait pour son propre compte quatre-vingt-douze décorations ; son habit de gala était insuffisant à les contenir toutes, il ne pouvait montrer tous ses échantillons dans un seul déballage. Une telle profusion n'enlève-t-elle pas toute valeur à ces distinctions qui, dans ce cas, n'ont plus aucune autorité ?

Il en est d'autres qui, n'ayant pu mener à bonne fin la négociation d'un ordre quelconque ou qui, moins fournis d'espèces, mais tout aussi amoureux du panache, portent ailleurs leurs aspirations. Ceux-là se contentent du titre de docteur, qu'ils s'octroient libéralement eux-mêmes, sans s'inquiéter de la corrélation qui peut exister entre ce titre et l'exercice de la prestidigitation. Ce n'est pas là un des moindres mystères de cet art.

Je ne pousse pas le rigorisme jusqu'à refuser à un prestidigitateur le droit d'être décoré ; mais, s'il a réellement mérité cet honneur, j'estime que ce doit être en dehors de sa profession. Je ne crois pas être excessif en supposant qu'un saut de coupe ou l'escamotage d'une muscade, même supérieurement exécuté, soit un titre insuffisant pour émouvoir les chancelleries, si exotiques qu'elles soient.

II

APERÇUS GÉNÉRAUX (suite et fin).

Un art malade. — Douce illusion. — Sérieux examen. — Qualités requises. — Distinguo. Théorie et pratique. — Une histoire à l'appui. — Observations et réflexions. — Un mot au gouvernement.

Il est certain que beaucoup d'individus, doués d'une plus grande somme d'audace que de talent, sans s'inquiéter s'ils possédaient seulement l'une des nombreuses qualités nécessaires pour faire un prestidigitateur passable, ont abordé avec plus de hardiesse que de succès cet art aussi futile que difficile. Par leur immixtion intempestive, ils lui ont porté certains coups qui l'ont déjà rendu quelque peu malade. Faisons des vœux pour que cette maladie n'ait pas d'issue fatale.

En effet, si l'on cherche à se rendre compte du nombre d'individus qui s'occupent à faire des tours et d'en vivre plus ou moins bien, on est étonné de l'importance du chiffre. Mais si, d'autre part, on examine avec impartialité le nombre de ceux vraiment capables d'en faire, on reste stupéfait de leur petit nombre.

Pour ne parler que de Paris, je défie que l'on trouve, dans la capitale, une demi-douzaine de prestidigitateurs véritables, et encore n'ont-ils de valeur qu'à des titres divers. Celui-ci possède telle qualité que n'a pas l'autre, et *vice versa*. Il en est de même pour les défauts. Ce qui prouve que, si la perfection était bannie du reste de la terre, ce n'est pas encore chez les prestidigitateurs qu'elle se retrouverait. Ils sont sujets aux imperfections comme de simples mortels, ce dont le lecteur doit, d'ailleurs, se douter un peu

Et, pourtant, ceux d'entre eux qui liront ces lignes seront d'un avis contraire. Ils s'empresseront de faire mentalement une exception en leur faveur, X... se croyant toujours plus fort que Z..., et Z... s'estimant bien supérieur à X... Chacun se comptera parmi la demi-douzaine approximative, dont je parle, tout en se demandant quels peuvent bien être les autres. Dans leur for intérieur, chacun d'eux se croira certainement le seul.

Laissons-leur cette douce illusion ; cela leur en fera une de plus à ajouter à leur programme.

Et, maintenant, il me paraît indispensable de procéder à un sérieux examen et d'expliquer, au mieux, ce qu'il faut entendre par « prestidigitateur ».

Il me semble utile de faire cesser, autant que possible, la regrettable confusion qui s'établit sans cesse dans l'esprit du public, confusion qui a pour conséquence d'englober, sous cette unique désignation, tous ceux qui s'occupent de faire des tours.

Un mot fera comprendre l'ensemble de la différence : pour un véritable prestidigitateur, c'est un jeu de faire des tours de physique amusante. Tandis qu'un simple faiseur de tours de cette même physique amusante peut donner une séance complète, la rendre même relativement intéressante et être, néanmoins, tout à fait incapable de faire de la vraie et bonne prestidigitation.

Que faut-il donc pour être prestidigitateur? se demandera anxieusement le lecteur profane.

Peu de choses, en vérité : il faut être adroit d'abord, il faut posséder cette habileté spéciale et naturelle dont il a été parlé plus haut. C'est la première et la plus essentielle des conditions. Mais, autour de celle-ci, viennent se grouper différentes qualités accessoires, dont la réunion constitue un heureux ensemble. Il est bon que le prestidigitateur soit non seulement adroit, mais encore, distingué, ou tout au moins comme il faut. Il doit posséder une instruction et une éducation suffisantes, être spirituel autant que possible, gai, plein de tact et d'à-propos, comédien, et doué enfin d'une physionomie tout au moins heureuse. On n'est pas obligé d'être un Adonis, mais une certaine prestance ne saurait nuire.

Il faut aussi avoir dépassé un certain âge. Une trop grande jeunesse s'accorde mal avec les exigences de la profession. Dans la pratique, on est souvent dans l'obligation de prendre à partie tel ou tel spectateur. Il faut alors une certaine autorité, du tact et beaucoup d'expérience. On a, parfois, à faire et à dire des choses admissibles de la part d'un homme fait, mais qui seraient exagérées et, parfois même, déplacées chez un trop jeune homme, à plus forte raison chez un enfant.

Et, pourtant, nous avons vu des enfants donner publiquement des séances de prestidigitation ! C'est profondément regrettable. Ce n'est pas un tel abus qui donnera à notre art un prestige déjà suffisamment entamé. Le public, qui n'est pas obligé de connaître le dessous des cartes, ne juge que par ce qu'il voit ; il en tire cette désolante conclusion, à savoir que le métier ne doit pas être bien difficile puisqu'il est pratiqué par des enfants.

Il m'en coûte certainement d'avoir à faire cette

pénible constatation, mais je ne pouvais m'y soustraire. La fonction d'écrivain a ses exigences. Je sais, d'ailleurs, que je suis, à ce sujet, en conformité d'idées avec un grand nombre de « professeurs ».

Il est bon de remarquer que, parmi l'ensemble des qualités requises et sus-énoncées, les principales sont plus ou moins généreusement octroyées par la nature. En conséquence, le possesseur ne doit, à mon avis, en tirer aucune vanité.

A part l'instruction et l'éducation qui peuvent être acquises, les autres qualités sont naturelles. Elles sont, il est vrai, susceptibles d'être rendues plus intenses par l'entraînement et l'exercice. Encore ceci ne s'applique-t-il guère qu'à l'adresse manuelle. Si vous êtes naturellement spirituel, l'instruction vous permettra certainement de faire valoir votre esprit. Mais aucun exercice ne vous en donnera davantage. Si vous êtes naturellement doué d'un talent de comédien, tenez-vous pour satisfait et servez-vous-en pour le mieux. Mais si vous n'avez pas cet avantage, ne tentez pas d'infructueux efforts, tous les conservatoires du monde ne vous le donneront pas.

Ces mêmes qualités ne sont certes pas déplacées chez l'opérateur en physique amusante. Elles lui sont tout aussi nécessaires pour intéresser le public. Elles peuvent même, en bien des cas, faire illusion et suppléer à l'adresse absente, surtout si l'opérateur sait élégamment se servir de ces instruments spéciaux destinés précisément à simuler l'habileté manuelle.

Lorsque le physicien « amusant » veut donner une représentation ou une séance quelconque, il est obligé de préparer un matériel parfois considérable, de passer plusieurs heures à dresser ses tables, trucs, etc., etc., et d'être escorté d'un et même de deux aides, sans le secours desquels son pouvoir magique se trouverait considérablement réduit.

Le prestidigitateur, au contraire, se suffit à lui-même, il opère seul. Vous pouvez, au besoin, le prendre à l'improviste; ses deux mains, voilà tous ses appareils. Partout il trouvera un jeu de cartes, des pièces de monnaie, des tasses, des muscades, qu'à l'occasion il fabriquera séance tenante avec des bouchons ou de la mie de pain, puis des mouchoirs, des bijoux, que sais-je? tous objets usuels avec lesquels il vous amusera et vous étonnera d'autant plus que vous serez plus intelligent et plus clairvoyant.

Enfin, pour me servir d'une comparaison empruntée à la musique, je dirai que le physicien est une sorte de joueur d'orgue de barbarie, alors que le prestidigitateur est le virtuose; le premier est tout ce qu'on voudra, le second seul est artiste.

On entend parfois dire : Un tel, oh ! il est très fort, je l'ai vu à tel endroit, il escamotait un cheval !

Il semblerait résulter de ce raisonnement que plus l'objet à escamoter est volumineux, plus l'escamoteur a de talent. Or, dans la pratique, c'est précisément le contraire. Tout le monde peut escamoter un cheval, tandis que peu de personnes sont capables d'escamoter convenablement une simple pièce de dix centimes.

Il résulte de cette observation que la pratique de la physique, qualifiée d'amusante, est facilement accessible au point de vue de l'exécution. J'en veux donner comme preuve la petite aventure suivante, arrivée en 1887 et dont je garantis l'authenticité.

Un établissement bien connu — le musée Grévin, pourquoi ne pas le nommer ? l'aventure n'ayant rien de désobligeant — avait installé, au milieu de ses autres attractions, un cabinet dit fantastique.

Un « professeur » avait été attaché à ce cabinet et était chargé de sacrifier aux dieux de la magie à raison de tant par mois. Il était aidé dans cette importante fonction par un de ses amis que nous appellerons X..., lequel faisait ainsi ses débuts dans la sorcellerie de cabinet, et ne s'était jamais précédemment occupé de rien de semblable.

Jusque-là tout va bien ; mais, comme tout arrive, il arriva un jour que le professeur n'arriva pas. Grand émoi, surtout à la direction ! Que faire ? L'heure de commencer va sonner ; personne ! L'anxiété est à son comble. La situation est tellement tendue qu'elle menace de se rompre. La direction, aux abois, parle de mesures sévères à prendre contre le délinquant. Et quand une direction, qui est habituée à voir ses pensionnaires faire preuve d'une exactitude qui ne peut être mise en doute, parle de prendre des mesures qu'elle qualifie elle-même de sévères, ce doit être terrible. La coupe d'amertume lui sembla pleine. Il est vrai que la salle ne l'est pas encore ; cependant l'heure marche, elle s'avance, mais elle s'avance seule, sans que le professeur paraisse songer à suivre cet excellent exemple. Le fameux cabinet n'a jamais paru aussi fantastique.

Enfin, au moment où la direction, toujours aux abois, décide qu'elle ne sait plus quelle décision prendre, le maître apparaît ! Hurrah ! un soupir de soulagement s'échappe de toutes les poitrines, y compris celle de la direction ; mais cette joie est de courte durée. Le professeur est blessé, son bras est en écharpe ; un vulgaire mal de doigt immobilise une de ses savantes mains et l'empêche momentanément d'exhiber son talent. Il faut se rendre à l'évidence : la journée est perdue, on prendra des dispositions pour le lendemain.

Eh bien, non, tout n'était pas perdu ; par un de ces hasards heureusement providentiels, un tout jeune homme, familier de la maison et fils d'un de nos plus éminents professeurs, se trouvait là, amené par une cause tout en dehors. Depuis un instant, il conférait avec le servant X... ; de cet entretien devait naître le salut.

X..., qui avait un peu de planches à son actif et qui, depuis un mois environ, voyait tous les jours son ami l'opérateur faire des expériences auxquelles, bien que d'une façon occulte, il avait sa part de coopération, parlait tout simplement de faire la séance à sa place, jugeant qu'il n'y avait, là, rien qui excédât ses moyens d'action.

Mais, à son tour, il lui fallait un servant ; ce point important était le sujet de la conférence entamée avec le jeune homme en question. Celui-ci, fils de prestidigitateur, déjà prestidigitateur lui-même, et, par conséquent, nourri dans le sérail, en connaissait nécessairement les pastilles. Bien que plus versé dans l'art de la prestidigitation que notre opérateur improvisé, il accepta néanmoins la combinaison et consentit à remplir le modeste rôle de servant. La représentation eut lieu et se passa très bien.

X..., mis en goût par ce début, fit comme le nègre de la légende, il continua et donna, par la suite, des séances pour son propre compte. Il continuerait même encore, si l'issue fatale d'une maladie n'avait interrompu le cours de ses exploits en même temps que celui de sa vie.

En raison de l'aventure ci dessus relatée, la corporation comptait un professeur de plus, et, soit dit en passant, j'en ai connu beaucoup qui ne lui étaient pas supérieurs.

Conclusion : on peut s'improviser physicien, alors qu'il faut des années et des dispositions spéciales et naturelles pour faire un prestidigitateur.

C'est ce que je tenais à établir, et j'y tenais tellement que je n'ai pas craint d'être prodigue d'exemples, d'explications et même de répétitions.

Je désire aussi établir qu'il ne faut pas se méprendre sur la portée de mes paroles. Mon intention n'est pas de traîner aux gémonies la physique amusante proprement dite. Je ne demande pas qu'elle soit délaissée au seul profit de la prestidigitation. Non, il y a même en sa faveur quantité de raisons : d'abord, une séance de physique peut parfaitement justifier son qualificatif d'amusante; cela dépend surtout de l'opérateur. Et puis, il y a, dans son vaste répertoire, bien des tours qui ne sont pas à dédaigner ; même parmi les plus anciens, ils ne sont pas toujours les plus mauvais. On est même très heureux de pouvoir les produire à l'occasion, car, dans la plupart des expériences, un prestidigitateur peut introduire des variantes lui permettant de faire valoir son adresse.

Ensuite, lorsqu'il s'agit de donner une séance d'une certaine durée, et surtout de la donner sur un théâtre, de la prestidigitation pure et simple serait insuffisante. Une salle de spectacle est naturellement composée de spectateurs divers; il faut flatter tous les goûts. La vraie prestidigitation ne s'adresse qu'aux délicats, aux raffinés; elle offre un attrait véritable et se produit surtout avec avantage dans un salon ou en petit comité. Elle demande surtout, pour être bien goûtée, à être prise à petite dose : une heure, environ, me paraît être le maximum possible.

La valeur des expériences est nécessairement mise en relief par les qualités naturelles de l'opérateur, quel que soit, d'ailleurs, son genre. Il est de ces qualités qu'on peut être heureux de posséder, mais dont on ne doit, en somme, se prévaloir. Si, à tort ou à raison, on se figure posséder quelque esprit, on ne peut l'énoncer sans dire précisément une bêtise. L'esprit est un don naturel. Aucun travail, aucune étude, ne peuvent en donner à celui qui n'en a pas, de même qu'on ne peut augmenter la somme, ni changer le genre de celui qu'on a. Voltaire, lui-même, n'a pas eu plus d'efforts à faire pour être l'homme le plus spirituel de son temps, que Calino pour être le plus bête du sien.

Celui qui, à un degré quelconque, a l'avantage d'être comédien, jouit d'une qualité qui lui vient également de la nature. Elle ne s'acquiert pas plus que la précédente, quoi qu'en puissent penser ceux qui prétendent enseigner cet art. Le comédien est un artiste; le Conservatoire fait peut-être des acteurs, il ne fait pas d'artistes. Si, après une trituration triennale ou quinquennale, il est sorti des artistes de son sein, c'est qu'ils y étaient entrés tels.

Encore leur a-t-il fallu posséder cette qualité d'une façon bien intense pour résister à l'enseignement pratiqué dans ce temple fameux qui s'appelle le Conservatoire national, c'est-à-dire gouvernemental.

L'art se passe volontiers de soins gouvernementaux; il n'a pas besoin, pour éclore, de cette couveuse artificielle et officielle. Si l'on veut qu'il se manifeste dans toute sa splendeur et sa suprématie, avec toute sa force et son génie, il faut le laisser jouir d'un plus libre essor.

J'en dirai, du reste, autant de tous les arts, la peinture, la sculpture, etc. Un gouvernement n'a pas à s'occuper d'encourager les arts, autrement que comme acquéreur.

Au point de vue esthétique, l'art est assez fort pour s'encourager lui-même. Sans cette protection, aussi regrettable qu'administrative, il y aurait moins d'encombrantes et tapageuses nullités et moins aussi de vrais artistes malheureux. On ne verrait pas des prix de Rome devenir dessinateurs en broderies ou illustrateurs de journaux à deux sous, et cela, pour une bonne raison, c'est qu'il n'y aurait pas de prix de Rome.

Que l'Etat subventionne, encourage et protège l'épicerie, la quincaillerie, le curage des égouts, la vidange atmosphérique, s'il le veut, soit.

Mais qu'il laisse l'art tranquille et le débarrasse de son intervention. Un gouvernement, être impersonnel, ne peut pas avoir de goûts artistiques, c'est notre affaire, à nous tout le monde.

C'est mon opinion, elle peut être fausse, je n'en affirme pas moins que je la partage.

La littérature est bien heureuse, elle n'a pas de conservatoire. Le gouvernement ne l'encourage ni ne la protège; il se contente de la taquiner quelquefois.

Il est probable que le gouvernement se soucie fort peu de ma manière de voir à cet égard, cela est même certain ; il est évident qu'il ne se sentira nullement ébranlé sur sa base par mes appréciations personnelles. D'ailleurs, une base de gouvernement ne s'ébranle pas si facilement.

Mais, du reste, si, par impossible, il abondait dans mon sens et qu'il en vînt à se désintéresser de l'élevage artistique, il surgirait de suite une foule de gens qui, à l'aide des plus beaux raisonnements du monde, prouveraient que c'est précisément à l'Etat qu'incombe le soin délicat d'élever des Raphaël à la brochette, que lui seul a qualité pour produire de modernes Phidias et élaborer des Talma au goût du jour. Oui, il se trouverait quantité de personnes pour abonder dans ce sens, qui n'est pas commun.

Tout cela prouve une chose, c'est qu'il est bien difficile d'être d'accord quand on n'est pas du même avis. Je défie M. de la Palisse lui-même de me prouver le contraire.

Je prie, en tous cas, le gouvernement ainsi que le lecteur de vouloir bien excuser cette légère boutade, et, estimant que je me suis suffisamment étendu, peut-être même trop étendu sur les généralités, je vais aborder, maintenant, la partie moins aride et plus pittoresque des détails.

III

MODUS FACIENDI — EN PROVINCE

Facilités d'exploitation. — Le théâtre. — Un travail de Romain. — Promettre et tenir. — Un conseil. — Le fakir indien. — Résultats fallacieux. — Le comble de l'illusion. — L'effet et les causes. — Diversité d'allures. — Rédactions fantaisistes. — Un Birbante. — Compte rendu. — Heureuse exception.

La prestidigitation peut s'exercer de plusieurs façons et dans différents locaux. C'est un avantage que ne possèdent pas la plupart des exhibitions. Tout ce qui constitue un spectacle ne peut pas, comme elle, se produire indifféremment sur un théâtre ou dans un salon, sur la place publique ou dans un café, salle de cercle salle d'études, dans un pensionnat, dans n'importe quel endroit enfin, voire même dans les casernes ou sur le coin de la première table venue.

Il est évident qu'il n'en est pas de même, par exemple, pour les exercices de trapèze, la haute voltige, les courses de taureaux et autres acrobaties qui réclament des locaux appropriés.

On a vu faire de la prestidigitation jusque sous les portes cochères et même dans les wagons de différentes classes. Cette dernière façon est certainement la plus dangereuse en ce qui concerne les spectateurs; car les adeptes se livrent là à un genre d'expériences qui, pour être généralement bien exécutées, n'en laissent pas moins à désirer au point de vue strictement honnête. L'art est exercé, dans ce cas, par des chevaliers d'un ordre spécial, qui ne descendent pas précisément des croisés, mais qui entrent trop facilement par les portières.

Malheur au voyageur naïf qui s'intéresse à ces adroites mais trompeuses subtilités ! Pour n'avoir pas pris son billet au bureau de location, il n'en paie pas moins sa place fort cher. Tant pis pour lui, fallait pas qu'il y aille, comme dit un célèbre refrain !

Il existe pourtant un moyen infaillible de ne pas se faire voler au noble jeu de bonneteau qui s'exerce souvent dans ces conditions, c'est de n'y pas jouer. Oui, mais voilà, c'est trop simple, on n'y pense pas.

Il est bien entendu que je n'entends faire ici aucune assimilation blessante. Si tous les bonneteurs sont forcément un peu prestidigitateurs, il est certain que la proposition inverse n'est pas une conséquence forcée.

C'est une constatation qu'il m'est bien agréable de faire.

Il n'en est pas moins vrai que, tout wagon à part, cette facilité d'exploitation amène une grande diversité dans les genres.

Celui-ci ne « fait » que les théâtres des différentes villes ; celui-là s'adonne spécialement aux séances des cercles, pensionnats, maisons religieuses, etc. Tel autre n'opère que dans les cafés, alors que le suivant se contente de la place publique. Il y a jusqu'au « posticheur » qui travaille sur le pouce ; mais on voit à côté le grand forain qui exerce sur son propre théâtre.

Je parlerai plus tard du salon qui n'offre de sérieux débouchés qu'à Paris. En province, lorsqu'un riche particulier veut s'offrir le luxe d'une séance de prestidigitation, il s'approvisionne généralement à la capitale, à moins qu'un veinard de voyageur suffisamment présentable se trouve là à point nommé, ce qui arrive rarement.

Lorsque, pour des raisons que nous ne chercherons pas à approfondir, un prestidigitateur a décidé de « faire » le théâtre, on peut affirmer qu'il n'a pas entrepris un métier d'oisif.

Pour donner une représentation de son art, il lui faut prendre d'importantes dispositions. Son but doit être de réunir la plus grande quantité possible de personnes des deux sexes, dans un endroit déterminé, habituellement appelé salle de spectacle.

Cette condition, dont l'importance n'échappera à personne, est généralement aussi difficile à remplir que la salle elle-même. Il s'en faut que le succès réponde toujours à la somme des efforts accomplis. C'est fort regrettable pour l'intéressé, car, il serait puéril de vouloir le dissimuler, son but est de faire une recette. Désir bien naturel! Les prestidigitateurs ne sont pas seuls animés de cette légitime ambition.

La recette, tout est là!

Pour arriver à ce résultat, trop souvent problématique, il en est qui dépensent des trésors d'ingéniosité. Ils se livrent, sur leurs affiches, à de véritables débauches de rédaction. A l'instar de certains candidats politiques, ils font un pressant appel au peuple; comme eux, ils prodiguent les plus brillantes promesses et ont également la louable intention de les tenir, s'ils le peuvent.

Ces sortes d'affiches sont le plus souvent agrémentées d'images violemment coloriées. Dans cette accentuation de couleurs hurlantes, on voit des choses vraiment extraordinaires. Malheureusement, on ne les voit que là. Le soir, au théâtre, ce n'est plus tout à fait la même chose.

Quelques-uns dépassent outrageusement les limites permises de la fumisterie. Tel autre, peut-être mieux intentionné, mais arrivant ensuite, récolte les désastreux bénéfices de cette fantaisiste publicité, et le bon public de province ne mord plus, malgré tout, que d'une dent quelque peu rebelle à ces appâts brillants, mais un peu éventés, de nos modernes et facétieux magiciens.

Loin de produire des illusions, ainsi qu'ils prétendent le faire, nos imprudents thaumaturges semblent, au contraire, s'attacher à détruire celles que peuvent encore posséder quelques âmes candides.

Sans pousser trop loin le pessimisme, on doit reconnaître qu'il fut un temps où la magie offrait aux masses un plus puissant attrait et aux magiciens de plus agréables compensations. La qualité des sujets, leur nombre plus restreint, l'époque spéciale et une crédulité mise à de moins rudes épreuves, étaient tout autant d'excellentes raisons pour arriver à un résultat satisfaisant.

Aujourd'hui, et toujours, je le répète, sans vouloir cependant mettre les choses au plus mal, si un citoyen sérieux me demandait mon avis sur le choix d'une profession, loin de lui conseiller de s'établir professeur de prestidigitation, je lui conseillerais plutôt le commerce de la bonneterie ou l'élevage des lapins. Ce serait peut-être moins artistique, mais à coup sûr moins sujet aussi aux fluctuations de la fatalité.

C'est maintenant à l'étranger et dans les plus lointains parages que d'audacieux professeurs cueillent encore quelques lauriers. Ils ont même la satisfaction de récolter une quantité plus ou moins considérable de différentes monnaies, toujours bien accueillies, quelle qu'en soit la nationalité.

La vieille Europe semble déjà tant soit peu rétive ; aussi j'en connais qui rêvent d'attaquer les plus lointains pays. L'un d'eux me confiait dernièrement qu'il avait l'intention d'aller aux Indes. Pourtant, il paraît qu'il y a dans ces régions des fakirs qui font des choses d'autant plus extraordinaires qu'on ne les a jamais vues. Je parle de ceux qui font des tours et non de ceux qui passent leur vie à contempler leur nombril !

Voilà, entre parenthèses, une distraction dont l'intérêt m'échappe. J'ai voulu, une fois, me rendre compte de l'agrément qui pouvait résulter de cette occupation saugrenue ; j'avoue, sans honte, que je n'en ai pas saisi le côté intéressant. Cela vient sans doute d'un manque de vocation ; c'est, en tout cas, une « expérience » qui ne m'a pas paru remplir les conditions nécessaires pour être présentée en public.

J'ignore, en somme, si l'Inde est appelée à rendre des services aux prestidigitateurs aventureux. Chez nous, cela semble s'alourdir un peu, du moins pour le moment. Il faudrait une accalmie, quelque chose comme un entr'acte d'une vingtaine d'années. Ce repos forcé donnerait, à une nouvelle génération, le temps de pousser; elle serait moins au courant des opérations magiques et surtout moins initiée aux mystères de la publicité illusionniste.

Aujourd'hui, en ce qui concerne l'exploitation des théâtres de province, c'est presque un succès quand le résultat ne se solde pas par un déficit. Il y a heureusement des exceptions, elles ne font, hélas! que confirmer cette déplorable règle.

Et c'est pour arriver à ce maigre résultat que l'intéressé a dû se livrer à un travail de Romain pour mener à bien les mille détails que nécessitent l'obtention d'une salle, la rédaction, la confection et la pose des fameuses affiches, la distribution des programmes, l'installation laborieuse de différents appareils dans le théâtre, l'établissement de certains trucs qui ratent quelquefois, le transport et l'ouverture des caisses dans lesquelles il y a toujours quelque chose de cassé, les courses réitérées à la gare pour retirer un colis important qui n'arrive jamais, ou plutôt qui arrive toujours... en retard.

Puis, les visites obligatoires aux autorités, il

faut solliciter la permission de M. le maire, voir M. le commissaire de police. On doit se mettre bien avec tout le monde, graisser la patte au concierge du théâtre, généralement chargé de la location (une sinécure), de même au machiniste, lampiste, etc., etc. Tous ces gens-là savent parfaitement à quoi s'en tenir sur le résultat final, mais ils se gardent bien d'en dire un mot. Ils ont toujours l'air plein de confiance. Seul le maître d'hôtel est perplexe.

Notons enfin les visites suivies et importantes aux journaux *le Phare*, *le Veilleur* ou autre sérieux organe de la localité, qui ne font ordinairement aucune difficulté pour annoncer la présence dans leurs murs de l'éminent artiste et affirmer qu'il est le plus habile prestidigitateur de l'époque. C'est, du reste, ce qu'il a dit du précédent et ce qu'il ne manquera pas de répéter pour le suivant.

Enfin, lorsqu'arrive le jour de la représentation, il s'est déjà écoulé une semaine ou deux, pendant lesquelles l'habile professeur a sué sang et eau pour préparer la salle. Dans les petites villes, et même dans les moyennes, il y a un formidable tant pour cent de chances mauvaises pour que la représentation réussisse mal.

J'ai entendu, dans une petite ville de province, un de ces malchanceux, porteur d'un nom qui a brillé jadis, et très sincèrement convaincu de son importance, dire, avec des larmes dans la voix, des boniments qui avaient évidemment des intentions comiques; c'était navrant! Après quinze jours d'un effrayant labeur, une trentaine de spectateurs avaient répondu à son appel et ne faisaient que mieux ressortir le vide de la petite salle du petit théâtre de cette petite ville. Mais le vide qui ressortait le mieux, c'était celui de la caisse.

Cet excellent homme, car il était excellent comme homme, avait une âme fortement trempée. Il ne perdait jamais courage et se figurait naïvement qu'après l'avoir vu une première fois, la salle serait comble le dimanche suivant. En fait de comble, en voilà un qui pourrait passer pour celui de l'illusion!

Le pauvre artiste possédait un talent qui ne répondait pas assez au nom qu'il portait. De plus sa publicité n'était peut-être pas suffisamment illusionniste. Obligé de partir, je n'ai pu connaître le résultat du dimanche suivant. Je lui fis mes adieux, en lui adressant, pour son prochain succès, les vœux les plus sincères, sans avoir, cependant, la certitude absolue qu'ils seraient exaucés.

Les causes de ces insuccès sont, d'ailleurs, multiples et ne sont pas toujours la conséquence forcée et directe du plus ou moins de valeur de l'artiste. Le plus ordinaire peut toujours présenter un programme quelconque et l'exécuter d'une façon qui, pour être insuffisante en certains milieux, peut, en somme, satisfaire en partie les exigences de certaines populations rurales. Mais une foule d'autres raisons particulières viennent augmenter la somme des mauvaises chances.

Dans les petites villes, ce qu'on est convenu d'appeler la « société » ne va pas au théâtre, à moins d'une solennité spéciale. En temps ordinaire, elle s'abstient.

En province, à part les grandes villes, le théâtre, pour les familles dites sérieuses, est une sorte de lieu réprouvé. Elles y redoutent soit certaines promiscuités, soit l'audition de quelques discours plus ou moins corrects, ou la vue de quelque exhibition susceptible d'effaroucher leur angélique pudeur. Le commerce, lui, n'a pas le temps. Quant au *vulgum pecus*, il y a la question budgétaire. Ah! si ça ne coûtait rien, ce serait autre chose. Mais, quand il s'agit de passer à la caisse, il ne se dérange pas facilement. Il a déjà été trop souvent pincé au truc de certaines affiches. Et quand il se décide à venir c'est en petit nombre et aux petites places; ça ne chiffre pas.

A côté de ces raisons, une foule d'incidents imprévus peuvent surgir. S'il tombe une averse au moment de partir, on ne sort pas, ça mouillerait les parapluies. Un personnage un peu marquant peut être très malade et se laisser justement mourir au bon, ou plutôt au mauvais moment : cela retient tous ceux qui le connaissent, et dans les petites villes tout le monde se connaît.

Ou bien, une vulgaire troupe de chanteurs ambulants peut faire échec au principal café, sous le fallacieux prétexte de « concert à l'instar de Paris », et, comme il y a des chanteuses, c'est là que, de préférence, se porte en foule la haute gomme de l'endroit.

Il n'en faut pas davantage pour couper dans sa fleur l'espoir que nourrissait follement l'éminent professeur si bien prôné par les gazettes de la localité.

Il arrive aussi quelquefois que le théâtre convoité est en puissance de directeur; c'est avec celui-ci qu'il faut traiter d'abord et prendre des arrangements, si toutefois cet autocrate y consent. Dans ce cas, comme il sait qu'il y a de fortes chances pour qu'il ait affaire à un homme vaincu d'avance, c'est à la façon de Brennus jetant son épée dans la balance, qu'il impose ses conditions, lesquelles consistent généralement à prélever d'abord ses frais; je n'insiste pas sur le compte qu'il en fait. Puis on partage le reste, ce qui est très facile, vu qu'il ne reste généralement rien; bien heureux quand il n'y a pas une différence à payer.

La dernière fois qu'un de mes amis a fait un

réglement de ce genre, c'était dans une ville de soixante mille âmes. L'affaire a très bien marché. Il n'a eu que quarante francs à remettre! Il y a de cela longtemps. Mon ami n'a pas insisté depuis et ne s'en trouve pas plus mal.

Certainement cela ne se passe pas toujours de la même façon, heureusement. Il y a bien de temps à autre des opérations moins désastreuses; mais il est incontestable que ce ne sont là que de trop rares exceptions.

Quelques-uns, et ce sont les plus roublards, pendant que l'affaire du théâtre se mijote, profitent de quelques jours sans emploi pour aller dans les environs donner des petites séances de café. Il en est qui dédaignent ce moyen et se croiraient compromis en l'employant. Ils ont tort. Ce moyen a du bon.

Quand on veut exploiter le théâtre, il est prudent de ne pas faire les choses à demi. Il faut y aller carrément ou ne pas s'en mêler. Il n'est pas mauvais de faire une forte publicité, à condition d'avoir assez de talent pour y répondre. Il est bon aussi d'aller un peu loin. L'étranger s'accommode plus volontiers de l'attitude un peu spéciale de quantité d'opérateurs. Ceux-ci n'ont pas tous l'aimable aisance qui conviendrait. Il en est qui font de la prestidigitation avec des façons d'ordonnateur des pompes funèbres. Ceux qui jouissent d'un tempérament plus folâtre tombent souvent dans l'excès contraire. Il en est qui pontifient alors que d'autres ont des manières de pitre.

En résumé, quel que soit le genre qui leur soit propre, on en voit peu qui atteignent le sommet de la réussite. Et si la fortune favorise les audacieux, elle ne semble pas beaucoup favoriser les prestidigitateurs dont la plupart cependant ne manquent pas d'audace. Il en est même qui en ont trop et qui poussent volontairement l'art de mystifier leur semblable jusqu'à la hauteur d'une institution,

A côté de ceux qui opèrent dans des conditions aussi normales et aussi loyales que leur permettent les exigences de la profession, on en voit qui, de parti pris, arrivent dans une ville avec le dessein préconçu de prendre une salle pour mettre, c'est le cas de le dire, le plus grand nombre de spectateurs dedans.

Quand un de ces farceurs arrive, l'affiche et tout ce qui s'ensuit prend des proportions épiques. A l'en croire, tous ceux qui l'ont précédé ne sont que des mazettes, ignorant même les plus élémentaires principes de leur art. Il vient toujours de très loin, dit-il. Il ne fait que passer pour se rendre dans la capitale, où l'appelle un engagement aussi brillant qu'imaginaire. Il a toujours eu l'insigne honneur d'opérer devant des têtes toutes plus couronnées les unes que les autres. Il est porteur d'une incroyable quantité de certificats outrageusement laudatifs, et annonce avec une insistance dont on ne se méfie pas assez, qu'il ne pourra donner qu'une seule représentation. Il a pour cela de bonnes raisons.

Son affiche monumentale est constellée de gravures abracadabrantes au milieu desquelles il émerge lui-même, entouré de crânes, cornues, alambics et autres attributs aussi bizarres que stupidement fantastiques. Dans une atmosphère flamboyante, on voit voler diables, gnomes et lutins. Quant à lui, il se contente de voler le public. Son cynisme ne connaît plus de bornes. Il a des rédactions qui sont des monuments d'absurdité, tout en restant parfois de véritables trouvailles. Il étale des titres stupéfiants auxquels personne ne comprend rien, ni lui non plus.

Sachant que la profession, je ne dirai pas qu'il exerce, mais qu'il exploite honteusement, n'a pas absolument le don de remuer les masses, il use de tous les subterfuges pour donner le change. Il joue de l'euphémisme avec un art digne d'une meilleure cause.

Il se gardera bien de s'intituler physicien ou même prestidigitateur. A l'aide de la typographie, il devient « Professeur de sciences occultes ». Sa représentation n'est pas une vulgaire séance de physique, c'est une « Solennité thaumaturgique! » Ce ne sont pas de simples tours qu'il fait, c'est un « Voyage mystique dans les sphères sidérales! » Le simple emploi d'une ou deux pièces de cent sous dans un tour, n'est rien moins que la « Vision des sources aurifères du Pactole », ou une « Visite au temple de Plutus! »

S'il change une montre en queue de lapin, il appelle ce tour : Une transformation éblouissante! L'expérience la plus ordinaire devient à l'occasion : la « Vision des beautés ineffables de l'ordre céleste », ou bien encore ceci, qui est le comble du sublime : « Regard jeté dans l'infini du monde invisible! »

On ne se rend pas un compte bien exact de l'avantage que peut offrir le jet d'un regard dans l'infini d'un monde qui n'est pas visible. Il est certain qu'une semblable annonce peut piquer la curiosité de bien des personnes; on n'a pas tous les jours l'occasion de jeter un regard dans quelque chose qui ne se voit pas!

Qu'on ne m'accuse pas d'exagérer. Je cite textuellement, avec preuves à l'appui. Je ne fais pas de dénigrement systématique dans un but préjudiciable à d'honnêtes collègues. Loin de là. Que l'on dise que je viens de faire un mauvais livre au point de vue littéraire : d'accord. Mais je ne veux pas être accusé d'avoir fait une mauvaise action. Je trouve ici l'occasion de flétrir, comme il convient, ces sortes de types qui sont la honte et la plaie d'une corporation au sein de laquelle on peut encore trouver de consciencieux artistes ; j'en profite et j'use, ce faisant, d'un droit de critique indiscutable et absolu.

Permettez-moi de citer un trait d'un de ces types nullement imaginaires, un de ces « birbante », pour me servir précisément d'une expression affectionnée par celui dont je veux parler, et qui lui était, d'ailleurs, parfaitement applicable. Il poussait aussi loin que possible ce genre regrettablement fantaisiste. Avec lui, l'affiche avait de ces révélations qui font rêver. A propos d'une soi-disant manifestation spirite, absolument absurde, du reste, il terminait par une sorte d'avis mystérieux, qui dépeignait l'astucieux personnage. Dans ce passage, il était dit que : « Les dames dans une position intéressante étaient priées de ne pas assister à cette expérience qui terminait la représentation ! »

Ce trait de génie attirait la foule et donnait ainsi une nouvelle preuve de la bêtise humaine. J'ai vu, avec ce truc, emplir d'énormes salles. Malheureusement, la fameuse expérience était loin d'être aussi intéressante que la position des dames qu'il engageait si complaisamment à ne pas « y assister ». Elle l'était même tellement peu que cette partie du spectacle attirait régulièrement à l'aventureux thaumaturge des manifestations tumultueuses et des articles de journaux qui conspuaient de la belle façon cette malencontreuse manière d'opérer.

Comme preuve et comme exemple, relevons dans un organe départemental sérieux cette désastreuse péroraison d'un long article, dont j'ai le texte sous les yeux.

La voici dans toute sa juste sévérité :

« Pour le coup l'assistance n'y tient plus, et la
« toile tombe sur cette expérience à jamais cons-
« puée.

« Quelques mécontents font mine de vouloir
« rester, ils trépignent avec rage, mais, à la fin,
« la foule mystifiée s'écoule presque tranquille-
« ment.

« Nous pouvons dire, néanmoins, que ce
« monsieur fera bien de ne plus se présenter de-
« vant elle ; le tour qu'il a joué hier est un de
« ceux qu'un escamoteur, soigneux de sa renom-
« mée, ne doit point avoir dans son répertoire et
« qui tombent sous le coup d'un blâme sévère,
« pour ne pas dire plus. »

Voilà qui explique l'insistance que mettait ce charlatan à faire savoir aux masses qu'il ne donnerait qu'une seule représentation.

On croira peut-être que ce genre de succès l'en-

gageait à se montrer à l'avenir plus circonspect?
Erreur! Il s'en allait tranquillement recommencer plus loin les mêmes farces, en prenant toutefois l'adroite, mais peu délicate précaution de
changer d'étiquette; et c'était sous un autre nom
qu'il allait faire de nouvelles victimes. Il est à
présumer que ce n'était pas par modestie qu'il
dissimulait un nom déjà trop fameux.

Des individus de cette trempe constituent une
véritable calamité. Malheur à celui qui vient offrir sa marchandise après un pareil échantillon!
Si bien intentionné qu'il soit, son affaire est mauvaise; il récoltera fatalement les fruits d'un pareil précédent et n'aura que trop de raisons pour
maudire son malencontreux prédécesseur.

Hâtons-nous d'ajouter que ce genre de mysti-
ficateur est l'exception. Il y a fort heureusement
des artistes plus consciencieux et sachant exercer
moins frauduleusement. Si une des principales
exigences de la profession consiste précisément à
bien tromper son public, il en est qui savent
s'y conformer, mais dans le sens agréable du
mot.

IV

EN PROVINCE (suite)

Un genre fermé. — Au café. — Publicité spéciale. — Bruits divers. — Digression tapageuse. — Commencements modestes. — Une bonne école. — A la caisse. — Le moment psychologique. — Les petites et grandes misères. — L'entrée dans la carrière. — Etre et paraître. — Le nouveau Sisyphe.

Poursuivant cette étude sur les différents genres, je citerai, pour mémoire, ceux qui s'adonnent presque spécialement à l'exploitation des cercles, pensionnats, maisons d'éducation religieuses, couvents, etc., etc. Il est à remarquer que la magie, malgré ses attaches soi-disant diaboliques, n'est point exclue des saintes maisons; elle y est même assez goûtée. Un prestidigitateur convenable est toujours bien accueilli; on apprécie à sa juste valeur ces distractions honnêtes. Il a l'avantage d'opérer devant un public mieux disposé à jouir de ses inoffensifs enchantements. L'artiste y est toujours traité avec la plus extrême bienveillance par des gens de bonne compagnie. Pour ma part, j'ai toujours eu à me louer des excellentes réceptions qui m'ont été faites chaque fois que j'ai eu l'occasion d'y donner des séances.

En somme, c'est là un genre un peu fermé au point de vue qui nous occupe. Il est rarement fertile en aventures, et est exercé, avec plus ou moins de talent et de réussite, par des personnalités diverses que leur propre intérêt oblige à se conduire décemment, au moins en tant qu'opérateurs. Ce sont, en général, des hommes de bonne volonté; laissons-les donc en paix et passons à un genre considéré, avec raison, comme étant un peu plus pittoresque.

Je veux parler des prestidigitateurs de café. Si ce n'est pas le genre le plus relevé, c'est peut-être le plus important, au moins par le nombre, et cela en raison de la facilité de l'entreprise. Celui-ci ne connaît ni les ennuis ni les embarras de son collègue du théâtre. Comme Bias, il porte avec lui toute sa fortune. Point de suite, point de bagages encombrants; sa malle, et c'est à peu près tout.

J'en connais même qui considèrent ce meuble comme une superfluité. A la main une boite de moyenne grandeur, contenant l'indispensable habit, une lingerie... restreinte et les quelques accessoires nécessaires pour la perpétration d'une séance instantanée. Arrivé le matin dans une ville, c'est le soir même qu'il opère. L'inévitable affiche, plus ou moins savamment rédigée, étale ses trésors typographiques aux seules vitres du café choisi.

Le tambour de ville fait le reste et annonce partout, à haute, mais pas toujours intelligible voix, la présence de l'artiste ainsi que le lieu et l'heure de la représentation. Cette publicité est traditionnelle et répond suffisamment aux exigences de la situation. Ajoutons, à titre de renseignement, que, dans certaines régions, le tambour est remplacé par une sonnette! Je n'ai jamais pu savoir pourquoi.

A ce sujet, je me suis bien souvent plongé dans des réflexions excessivement profondes, mais elles ne m'ont donné aucun résultat appréciable. J'ai bâti les hypothèses les plus extravagantes sans parvenir à m'expliquer pourquoi certaines populations se montraient rétives aux martiales modulations de la peau d'âne, et pourquoi elles éprouvaient un penchant plus accentué pour un tintement plus aigu, mais moins artistique et moins bien rythmé. Quelle mystérieuse somme d'influence une simple sonnette peut-elle bien exercer, au point de vue de la publicité, sur certaines organisations rurales? Voilà ce que je n'ai jamais pu m'expliquer au juste.

Cependant, j'ai cru entrevoir, malgré mon peu de perspicacité, que cet état de choses pouvait résulter d'une pénurie d'exécutants. Tout le monde ne sait pas élégamment battre de la caisse. L'exécution soignée ou même un peu lâchée des ra et des fla demande plus d'études que le simple secouement d'une sonnette, qui occasionne, en outre, un mouvement tout à fait dépourvu de grâce. Cette dernière opération, il est vrai, est à la portée de toutes les intelligences et ne réclame certainement pas l'accomplissement suivi d'une série de gammes aussi graduées que journalières.

J'ai pensé aussi que l'acquisition d'un tambour pouvait, dans des cas particuliers, constituer une de ces dépenses exagérées de nature à compromettre l'équilibre de certains budgets municipaux insuffisamment pourvus de fonds secrets.

Bref, j'ai renoncé à pénétrer au fond de ce mystère, surtout lorsque j'ai appris qu'il existait un troisième moyen de publicité dont l'étonnante simplicité est venue jeter un nouveau trouble dans mes idées déjà si confuses.

Certaines populations, en effet, ont des goûts plus modestes.

Il en est pour qui la sonnette elle-même est

une superfétation et qui en considèrent l'emploi comme quelque chose d'insolemment fastueux et de tout à fait incompatible avec la rustique simplicité de leurs mœurs. Enfin il y a des gens dont les oreilles, inaptes à l'audition de savantes harmonies, se trouvent satisfaites du tapage que produit un bâton frappant avec, ou plutôt sans cadence, sur une vulgaire casserole ou poêle à frire.

Ce dernier moyen, absolument *sic*, peut être apprécié de quelques amateurs dont les exigences en matière d'acoustique ne dépassent pas une faible moyenne. Mais, en ce siècle de progrès, ce primitif procédé ne constitue certainement pas un raffinement délicieusement exquis, et ne donne qu'une faible idée des tendances musicales de ceux qui savent se contenter de ces sonorités culinaires.

En résumé, et pour couper court à cette digression tapageuse, le résultat est identique, malgré la différence des instruments employés. Le but atteint est le même et amène le soir une quantité variable de spectateurs désireux d'assister aux enchantements que leur prépare un professeur que, sans aucune intention malveillante, je qualifierai d'ambulant.

Ce genre d'artiste ne jouit, pas plus que le précédent, de la perspective de finir ses jours dans la peau d'un millionnaire. Mais les risques qu'il court sont bien moins grands; ils ne peuvent l'inquiéter d'une façon sérieuse. Les capitaux engagés sont généralement modestes; il serait, d'ailleurs, difficile qu'il en fût autrement.

J'en connais un qui se fait, aujourd'hui, modestement appeler le célèbre professeur Untel. Il y a une vingtaine d'années, il s'est mis en route avec trois francs qu'il me doit encore. Malgré quelques apparitions à Paris, il court toujours et mes trois francs aussi. Je ne lui en fais pas un reproche, ce n'est là qu'un léger oubli. Et puis, quand on voyage, on a tant de choses à faire qu'on ne peut penser à tout!

A Paris, l'exercice de la prestidigitation dans les cafés ne semble pas constituer une situation de premier ordre; en province non plus. Mais ici, cette condition ne paraît pas, dans la majorité des cas, être l'indice d'une infériorité sociale ou artistique. L'artiste de café fait partie des mœurs de la province. Lorsque l'homme est d'une tenue convenable, les bons établissements lui sont plus ou moins facilement ouverts, et l'on y trouve encore des opérateurs qui ne sont pas à dédaigner.

Pour un artiste consciencieux le café est, du reste, une excellente école. Pour y briller il ne faut pas être manchot. On est parfois obligé d'opérer dans des conditions fort difficiles; il faut savoir se mettre à la hauteur de toutes les situations, le local changeant chaque jour et les consommateurs se souciant fort peu de gêner ou de faciliter l'exécutant.

Il en est qui, en province, se sont assuré de petites réputations. S'ils ne font pas fortune, ils gagnent au moins largement leur vie. Certains même, dédaignant les moyens habituels de locomotion, voyagent confortablement dans leur propre équipage. Cette façon de voyager offre, à celui qui peut se la permettre, des avantages sérieux. Au point de vue des bénéfices d'abord, elle lui permet de visiter nombre de localités auxquelles le chemin de fer est encore inconnu et qui, par cette raison, sont moins exploitées. Au point de vue pittoresque ensuite, dans la belle saison surtout, il n'est pas de plus agréable moyen de se transporter d'un point à un autre.

Quelle que soit, d'ailleurs, sa manière de voyager, l'artiste n'a guère d'autres frais que ceux qui lui sont personnels. Quant à sa représentation, elle se fait avec le gaz et le loyer des autres, et sa recette forte ou faible est, à peu de chose près, tout bénéfice.

Seulement, il faut la faire, cette diable de recette; là est le grand talent! Elle ne dépend pas seulement de la quantité de spectateurs, mais de la façon d'agir sur eux. Elle ne se perçoit point à l'entrée, comme au théâtre. Ce n'est qu'après avoir « travaillé » que le professeur est admis à faire valoir ses droits à une juste rémunération.

On conçoit alors que, s'il a été ennuyeux et maladroit, le résultat soit compromis. Si, au contraire, il a été adroit et amusant, il lui faut encore un autre genre de talent pour opérer sa perception et la rendre aussi fructueuse que possible.

De tous les tours qu'il a exécutés dans la soirée, c'est celui-là qui réclame la plus grande habilité et le plus de finesse. Sans être un profond analyste du cœur humain, il connaît assez les arcanes de ce viscère, pour ne pas s'en rapporter à la générosité de l'aimable société qui l'environne. Il la taxe bel et bien à l'aide d'un procédé aussi simple qu'ingénieux et qui n'est autre que la traditionnelle tombola.

Bien faire la tombola tout est là! Il en est qui sont passés maîtres dans l'art d'extirper sans douleur les pièces de vingt sous récalcitrantes. Ils savent, à cet effet, mettre en jeu des manœuvres qui confinent au génie. Ce sont de ces savantes passes qui ne s'expliquent pas et qui doivent même rester ignorées des profanes.

Je crois pouvoir dire, cependant, que les recettes de café sont naturellement très variables. Elles dépendent soit de la quantité, soit de la qualité des spectateurs, et aussi du plus ou moins de talent et, disons le mot, de roublardise de l'opérateur. Néanmoins, on peut poser en principe qu'elles flottent entre vingt et quatre-vingts francs, quelquefois plus, car des recettes de café atteignant cent francs ne sont pas absolument inconnues. On en a même vu dépassant ce chiffre; mais il est certain qu'un si beau résultat constitue une regrettable rareté.

On croira peut-être que, dans ces conditions, les prestidigitateurs doivent rouler sur l'or. Hélas! il n'y a que trop de raisons pour qu'il en soit autrement. A côté des chômages forcés causés par quelque circonstance imprévue, il y a aussi les chômages volontaires résultant le plus souvent d'une organisation trop artiste, puis, viennent se grouper encore une foule d'éventualités accessoires qui constituent autant de non-valeurs.

Enfin, comme celle du théâtre, cette branche a ses brebis galeuses, elle les a même en plus grand nombre, la carrière étant plus facilement ouverte. Il en résulte une fâcheuse dépréciation. Le prestige est atteint; au souvenir d'une soirée un peu trop fantastique, il n'est pas rare de voir une salle de café s'alléger de quelques consommateurs, sur lesquels l'annonce d'une nouvelle séance de prestidigitation n'exerce pas l'influence désirable. On voit aussi des amateurs qui assistent bien à la séance, mais qui éprouvent toujours un impérieux besoin de prendre l'air au moment psychologique de la tombola. Il faut alors agir d'autant plus énergiquement sur ceux qui restent.

En résumé, ceux qui réussissent aujourd'hui dans ce genre peuvent se compter. Il faut être connu et avoir laissé d'assez bons souvenirs d'un précédent passage pour obtenir des résultats à peu près satisfaisants.

A côté de ceux qui tiennent haut et ferme le drapeau de la corporation, ayant un talent appréciable, une mise élégante et ne descendant que dans les bons hôtels, il y a aussi les besogneux et les faméliques. Ces derniers sont, pour la plupart, leur propre victime, soit en raison de leurs vices, soit à cause de leur incapacité. Ce sont alors de lamentables odyssées et parfois même d'amusantes histoires d' « accrochages » dans des hôtelleries qui, justement parce qu'elles sont borgnes, n'ont pas l'œil très facile. Il y a alors tiraillement de part et d'autre et mise en jeu de toute sorte de ruses et d'artifices pour sortir d'embarrassantes situations.

Ce sont les petites et grandes misères du métier; il est, je crois, inutile de nous appesantir sur certains détails d'une allure insuffisamment édifiante.

En raison de sa diversité, il serait difficile de donner une description exacte du prestidigitateur de café. L'espèce offre d'intéressantes et nombreuses variétés, tant au point de vue artistique qu'individuel. Une étude trop fouillée de cette catégorie nous mènerait trop loin et n'offrirait, d'ailleurs, qu'un intérêt tout à fait restreint en raison de la morale qui pourrait s'en dégager.

Tout ce qu'on peut dire c'est que l'entrée dans la carrière ne résulte pas toujours d'une vocation irrésistible, on ne s'y destine généralement pas de propos réfléchi. Elle est rarement l'objet des préoccupations paternelles. Les parents passeront en revue les métiers les plus invraisemblables avant de penser à lancer leur progéniture dans cette branche fantastique.

C'est ordinairement de sa propre initiative et lorsqu'il a l'âge de raison (?) que le sujet prend la résolution de courir sur les traces des escamoteurs célèbres. Il y en a beaucoup qui ne courent pas assez vite et qui ont même de la peine à marcher.

Il en est cependant que le goût seul a entraînés.

Ceux-là ne sont pas les plus mauvais, et les spectateurs de cafés ne sont pas toujours les plus mal partagés.

Malheureusement, il y a quelques artistes, disons mieux, il s'en trouve beaucoup dont l'instruction et l'éducation laissent considérablement à désirer. Ce n'est évidemment pas leur faute, ni la mienne. Nous nous garderons bien de leur en faire un crime; mais tout illusionnistes qu'ils sont, quantité d'entre eux ne peuvent faire illusion à cet égard.

Je sais bien qu'il n'est pas absolument nécessaire d'avoir fait ses humanités pour réussir un tour de cartes ou escamoter convenablement une muscade. Mais, comme la profession oblige à parler en public et au public, il n'est pas mauvais d'avoir au moins l'air de savoir quelque chose. Or, beaucoup, hélas! n'ont même pas cet air là.

Reconnaissons cependant que, sans avoir gravi les derniers échelons des grades universitaires, il en est qui savent se présenter et s'exprimer d'une façon suffisamment congrue. D'autre part, la vérité nous oblige à dire qu'on en voit aussi qui apportent, dans leur tenue et dans leurs discours, une désinvolture que ne désavoueraient pas nos meilleurs camelots.

En somme, nous voyons là un personnel varié, peut-être même trop varié, et, malgré un éclectisme éprouvé, nous préférerions une gamme moins diverse, mais plus soutenue et d'un meilleur ton général.

Disons aussi que le prestidigitateur de café devient à l'occasion le prestidigitateur de théâtre. Si, après une tentative infructueuse, le besoin s'en fait sentir, il ne dédaigne pas de revenir au café où il est presque toujours certain de panser les blessures de son porte-monnaie. Puis s'il est ambitieux et fier, s'il se considère comme déplacé au milieu des bocks et des mazagrans, il retournera fatalement au théâtre, jusqu'à ce que la force des choses le ramène brutalement au café. J'en connais ainsi plusieurs qui, nouveaux Sisyphes, roulent depuis des années ce fantastique rocher!

L'été on les voit dans les villes d'eaux. Ils font les délices des casinos et des salons d'hôtels où, à l'aide de vigoureuses tombolas, quelques-uns coulent une existence non dépourvue d'un certain charme. J'en connais beaucoup qui, au cours de ces agréables moments, ne changeraient pas leur position contre celle de sous-préfet. Il est d'ailleurs probable qu'il y aurait réciprocité.

V

EN PROVINCE (suite et fin)

A la foire. — Chapeau pointu. — Festons et astragales. — Une rareté. — Modernisme. — Parades et boniments. — Le bon marché. — La chasse au clou. — Question de frais. — L'éducation du saltimbanque. — Banquistes et banquiers. — Les vrais charlatans.

En poursuivant cette revue des adeptes de la magie, nous arrivons à une autre variété dont les exemplaires sont moins nombreux, mais dont l'importance est plus grande en raison du genre d'exploitation et des résultats généralement obtenus.

Je veux parler du physicien des foires, de ce qu'on appelle aujourd'hui les grands forains.

C'était jadis un bien curieux type que cet escamoteur d'un autre âge. Avec son chapeau pointu et sa longue robe parsemée de signes astrologiques et cabalistiques, avec sa longue baguette dorée à la main, il semblait véritablement procéder à quelque mystérieuse incantation. C'était avec la plus admirable conviction apparente qu'il accomplissait ses magiques opérations.

Au milieu d'un éblouissant étalage d'appareils bizarres et généralement bien fourbis, dans les méandres et contournures desquels venaient s'accrocher et briller les étoiles envoyées par les lumières de quinquets ordinairement fumeux, il évoluait aussi majestueusement que le comportait son rôle de sorcier et que le permettait son allure personnelle.

Sur son théâtre, on pouvait admirer un décor approprié, agrémenté d'une savante mise en scène. Partout des consoles et des étagères richement ornées et surchargées d'un arsenal d'instruments bizarres, d'un usage aussi mystérieux que problématique. Au milieu, une large table pompeusement recouverte d'une lourde étoffe, dont les tons sévères étaient brillamment relevés par des constellations de paillettes miroitantes qui, semblables à un costume de clown, scintillaient et étincelaient au moindre mouvement.

Malgré la sorte d'antithèse résultant du criant assemblage de la sévérité des étoffes et de la frivolité du clinquant, il se dégageait, de cet ensemble naïvement imposant, une sorte de mysticité spéciale qui vous empoignait malgré vous, et vous disposait merveilleusement à ce genre de spectacle.

Et, chose à remarquer, l'extérieur contrastait souvent par sa simplicité relative avec les splendeurs de l'intérieur.

Aujourd'hui ce n'est plus la même chose. La scène, bien que dans un autre ton, est toujours brillamment décorée; mais l'extérieur est surtout l'objet des plus luxueuses combinaisons. L'œil, à présent, s'ouvre étonné devant d'éblouissantes ornementations. D'excellents badauds restent bouche béante devant cette profusion de somptuosités. C'est avec une exubérance voulue que s'étale ce magnifique apparat destiné à attirer ou plutôt à arracher l'attention et les regards des cohues habituelles.

On peut ici s'écrier avec Boileau : « Ce ne sont que festons, ce ne sont qu'astragales. » Au milieu des illuminations du gaz et des incandescences de l'électricité se dessinent et s'élèvent des décorations fastueuses. C'est une véritable débauche de feux, d'ors, de peinture et d'architecture. Des portiques, formés de colonnes d'un style inconnu et coiffées de chapitaux de tous les ordres et de tous les désordres, arrondissent leurs arcades plus ou moins légères, dont l'ensemble est glorieusement surmonté d'un majestueux fronton qui est le *finis coronat opus* de cet amoncèlement de splendeurs picturales et architecturales.

On admire, en même temps, d'immenses toiles vigoureusement brossées par des Raphaëls spéciaux. Elles représentent, avec d'étonnantes hardiesses et d'inconscientes brutalités artistiques, des scènes aussi invraisemblables que stupéfiantes, destinées à donner un avant-goût des délices qui vous attendent à l'intérieur de ces Eden de rencontre.

Au milieu de ces opulences est un splendide contrôle où les épaisseurs du velours et les chatoiements de la soie se combinent avec les rutilances de l'or. Les tentures arlequinées ont des suspensions de glands, des retroussis de galons, des enroulements de torsades et des enjolivements de crépines.

Cet ensemble sert de trône à une dame généralement avantageuse, qui semble vouloir lutter d'éclat avec ce qui l'entoure. Ses mains, ses bras, son cou, ses cheveux et ses oreilles ruissellent de diamants. Vous vous écriez : C'est du strass! Erreur! ce strass a été bel et bien payé à tant le carat. Pour peu que vous y teniez on vous montrerait la facture. L'ostentation est le péché mignon du banquiste; il lui faut du luxe, encore du luxe et toujours du luxe.

Quant à l'opérateur, son costume s'est modifié,

plus de bonnet pointu ni de robe agrémentée de signes cabalistiques. Sacrifiant à ce qu'il croit être les exigences de la modernité, il perd, à mon sens du moins, sa primitive originalité, ce pittoresque et cette saveur spéciale, inhérente à la nature même du vrai banquiste, du véritable saltimbanque.

Le charlatan devient une rareté, presque une fiction; on en trouve bien encore quelques échantillons dans les sphères commerciales... ou autres, mais c'est peut-être à la foire qu'on en trouve le moins.

Aujourd'hui, le grand forain, le prestidigitateur surtout, se fait habiller par le tailleur en vue; il veut avoir des apparences de gentleman. Désormais, c'est en habit noir qu'il opère et, si cela n'était pas trop gênant, c'est en gants blancs qu'il escamoterait.

Parbleu! nous savions bien que ce bonhomme à grande robe et à chapeau pointu n'était pas plus sorcier qu'un autre; mais il était peut-être plus dans le ton. Nous aimions en tout cas à le voir ainsi affublé, et nous étions persuadé qu'un monsieur habillé de la sorte était seul capable de faire les tours qui nous émerveillaient alors.

Mais, du moment qu'à la foire surtout, ce même monsieur est habillé comme vous et moi, il semble que nous devons être moins émus de ses artifices. Il ne nous en impose plus autant, et je trouve, en définitive, qu'il est difficile de découvrir quelque chose de mystérieux et d'infernal dans le plastron immaculé de nos modernes thaumaturges.

Pour ma part, je préfère l'antique sorcier. Il ne m'étonnait pas plus que les modernes; mais il m'amusait davantage, et c'est avec regret que je me vois obligé de renoncer à ses pompes et à ses œuvres. J'ai peut-être des goûts arriérés.

Quoi qu'il en soit, cette façon actuelle d'exercer dans les foires l'art de faire prendre à ses concitoyens des vessies pour des lanternes, n'offre évidemment pas au premier venu la même facilité d'exploitation que celles indiquées dans le précédent chapitre.

L'entreprise n'est pas ici à la portée de toutes les intelligences, de tous les tempéraments et surtout de toutes les bourses. Pour s'en convaincre il suffit de jeter les yeux sur ces grands théâtres forains dont quelques-uns, y compris leurs beautés décoratives, sont relativement merveilleux d'installation, quel que soit, d'ailleurs, le genre exploité. Il est bien entendu que je m'occupe uniquement des théâtres dirigés par des prestidigitateurs, sans parler de l'attrait que pourrait offrir une description générale de la foire. Ce serait sortir des limites indiquées. Cela nous mènerait beaucoup trop loin et nécessiterait la confection d'un volume spécial.

En examinant quelques-uns de ces grands établissements, on voit de suite qu'une sérieuse mise de fonds a d'abord été nécessaire. Beaucoup de directeurs de théâtres fixes, construits en belle et bonne pierre, pourraient envier le sort de certains directeurs de ces théâtres en bois et en toile que les bonnes gens appellent encore des baraques. C'est avec le produit de ces baraques que certains forains deviennent propriétaires d'immeubles plus sérieux.

La raison de ces réussites, comparées aux bénéfices ordinairement plus restreints réalisés par les autres branches, s'explique de plusieurs façons. Bien que les frais soient d'une réelle importance et se soldent par des billets de mille, le forain court toujours, pour ainsi dire, de nombreuses chances de les couvrir largement et au delà.

D'abord, la foire exerce sur le public un attrait incontestable. La foule attire la foule. Là, il y a toujours du monde aux jours de représentation. Le forain n'a plus qu'à s'employer à faire entrer ce monde chez lui. Il a, pour y arriver, plus d'une corde ou plutôt plus d'une ficelle à son arc.

Il commencera, au besoin, sa parade, la fameuse parade, en donnant, à titre gracieux, un petit échantillon de son talent. Ce petit échantillon n'est pas toujours ce qu'il a de plus mauvais dans son répertoire. Puis vient l'inévitable pitre, ce traditionnel amasseur de foules. Il en est de renommés qui, sous les apparences volontaires d'un parfait imbécile, sont parfois obligés d'avoir de l'esprit pour débiter leurs sublimes bêtises.

Ensuite, c'est le « bonisseur » qui fait l'annonce du spectacle avec une éloquence dont on n'a pas idée dans les sphères académiques. Il ne s'agit plus d'une vulgaire affiche, d'un morceau de papier imprimé. C'est un homme, un citoyen, un monsieur bien mis qui, à l'aide de son porte-voix, prend hardiment la parole pour vous parler bien en face. Il vous dit des choses inouïes et ne vous les envoie pas dire. Il vous promet des miracles auprès desquels ceux de l'antiquité ne sont que de vulgaires fumisteries. Au fond, il ne vous demande pas d'y croire, mais seulement d'y venir voir.

Ce bonisseur est souvent un artiste dans son genre, c'est surtout un personnage verbeux. Il a des expressions à lui, des insinuations pleines de promesses, des comparaisons incomparables, des sonorités redondantes, des intonations qui étonnent et qui détonnent et des excitations savamment graduées qui arrivent à une sorte de paroxysme. Il devient enfin incisif, excessif, persuasif et superlatif dans sa péroraison, et son boniment est, au bon moment, bruyamment accentué d'une bordée ultramusicale qui s'échappe avec une sorte de frénésie de la cuivrerie bossuée de l'orchestre. Il parvient ainsi à enlever la foule déjà impatiente qui s'élance positivement à l'assaut de la « baraque ». Cet envahissement se fait parfois avec une furia tellement française, qu'elle peut donner à réfléchir aux tudesques musiciens qui soufflent habituellement dans leur chaudronnerie spéciale.

Il n'est pas rare de voir le bon public se flanquer quelques horions au moment de cette tumultueuse entrée. Si un fanatique prestidigitateur de théâtre, comme celui dont il a déjà été parlé, vient à passer par là, il ne peut moins faire que de jeter un regard d'envie sur ces envahissements qui lui sont si malheureusement inconnus.

Il faut dire qu'il y a là des prix de places dont les plus bas sont accessibles aux petites bourses. Pour quelquefois vingt-cinq ou trente centimes, le petit monde peut assister à un spectacle qui n'a d'équivalent nulle part. Même au prix relativement élevé des premières places, c'est encore bon marché.

Eh bien, ce bon marché est l'axe principal sur lequel pivotent ces entreprises; là est le grand secret de la réussite. On se rattrape sur la quantité. Dans les jours de grand tralala, ce n'est pas une, mais six, huit ou dix représentations qu'on donne, et il peut arriver que, dans un seul jour, la direction récupère largement ses frais d'installation. Les bénéfices réels s'encaissent aux journées subséquentes.

Et puis, le directeur forain excelle souvent à composer son programme. Il n'ignore pas qu'une séance de physique, même lorsqu'elle est qualifiée d'amusante, ne constitue qu'un attrait insuffisant. Aussi a-t-il soin de varier les numéros et de s'entourer d'artistes de différents genres, tels que clowns, acrobates, jongleurs, équilibristes, troupe de pantomimes, etc., etc., sans compter un « clou » quelconque à la recherche duquel il court sans cesse. Il s'applique enfin à justifier au mieux l'épithète d'intelligent généralement accolée au titre de directeur.

Dans les moments de chômage, parfois entre deux foires, pendant que son régisseur, car il a un régisseur, fait monter le théâtre, il voyage à la recherche de quelque importante nouveauté. Il ira à Londres ou à Hambourg, ces grands marchés de la haute banque, et ramènera toujours un numéro plus ou moins excentrique qui viendra corser son programme et augmenter ses chances de bénéfices.

Au besoin, il sera lui-même le clou désiré, à l'aide de la présentation de quelque nouveau truc à sensation, édité par la maison Voisin, cette mystérieuse officine de la rue Vieille-du-Temple, dont les récentes merveilles parues sont le dernier mot de l'extraordinaire en matière d'illusionnisme. J'en appelle à tous ceux qui ont vu ces créations, parmi lesquelles il faut citer : La femme sans corps, la métempsychose, la sibylle de Cumes, Amphytrite, la statue animée, etc., sans compter ce que j'oublie et ce qui nous attend encore.

Après avoir brillé à la capitale, ces numéros font retour à la foire et constituent, pour le banquiste, de nouveaux éléments de succès.

Mais voilà ! ce métier est encore un de ceux que le premier venu ne peut pas exercer. Indépendamment de la question financière, il faut posséder une intelligence spéciale, un caractère un peu à part, et jouir d'un tempérament approprié, résultant, dans la majorité des cas, d'un savant entraînement.

Même avec de l'argent, on ne s'improvise pas saltimbanque. Il faut un sens particulier qui ne s'analyse pas et des aptitudes qui ne sont pas celles de tout le monde. Une telle direction n'est pas une sinécure.

Indépendamment des artistes engagés, il y a

les employés secondaires, les manœuvres qui ne sont pas toujours la fine fleur de la société. Il faut avoir l'autorité nécessaire et, au besoin, la poigne suffisamment solide pour se faire obéir de tout ce monde. Il importe, entre le démontage et le remontage, d'éviter une fâcheuse perte de temps, qui, là comme partout, est de l'argent. Il faut veiller à ce qu'une trop grande précipitation ne soit cause d'une inutile détérioration de matériel, mais il est indispensable d'arriver à époque fixe. On pourra se faire une idée des frais de déplacement, quand on saura que tel établissement ne comporte pas moins que le chargement de huit ou dix wagons et que le prix de transport, pour un déplacement d'une quarantaine de kilomètres, peut coûter, avec le camionnage, plus d'un billet de mille francs. Ce simple détail suffit pour donner une idée de l'importance du reste.

Ajoutez à cela plusieurs artistes à appointements évidemment variables, mais dont certains peuvent atteindre mille francs par mois. Puis le pitre, le bonisseur, le régisseur, les employés, le luminaire, l'assurance, très chère en raison des risques, le droit de place, celui des pauvres, l'entretien du matériel, l'imprévu, etc., etc., et vous reconnaîtrez que nous sommes loin du monsieur qui va donner sa petite séance, pour ainsi dire, les deux mains dans ses poches.

Beaucoup de commerçants, qualifiés d'honnêtes et habituellement considérés dans leur quartier comme d'honorables bourgeois, sont souvent loin d'être à la tête d'une affaire aussi considérable. Et pourtant ils iront, le dimanche, se distraire dans ces établissements en disant d'un petit air dédaigneux : « Nous allons voir les saltimbanques. »

Saltimbanques, tant qu'il vous plaira. A ce compte-là, ne l'est pas qui veut. Seulement quand on l'est, c'est généralement d'une façon indélébile. En dépit de la modernité de ses allures et de sa tendance à imiter l'homme des salons, malgré son habit noir et sa cravate blanche, le banquiste est toujours le banquiste. C'est une des conditions de son succès. Pour être complet il doit être fils de banquiste. C'est un métier de famille, transmissible par génération. Le parfait banquiste doit avoir vu le jour dans une caravane, être né au son de cette symphonie bizarre résultant parfois de l'incestueux accouplement d'une clarinette et d'une grosse caisse, avoir eu, au besoin, cette grosse caisse pour berceau et cette clarinette pour premier hochet. Il doit également avoir reçu une éducation tout à fait *ad hoc* tendrement inculquée à l'aide de formidables taloches et de sérieux coups de botte paternellement appliqués quelque part, et avoir appris à marcher sur les mains, afin de savoir plus tard toujours retomber sur ses pieds.

Ce genre d'éducation offre des avantages différemment appréciables. Il donne généralement des sujets dépourvus d'une sentimentalité exagérée et de préjugés encombrants. Ils sont, en conséquence, parfaitement armés pour l'exploitation de la badauderie. Ils élèvent, du reste, cet art délicat à de remarquables hauteurs, et c'est en raison de ces circonstances qu'on voit aujourd'hui des saltimbanques avoir pignon sur rue et des banquistes ayant compte ouvert chez des banquiers.

Cependant, nous n'avons pas la prétention de conclure que le succès constant et inévitable soit une conséquence forcée du genre. Le physicien forain ne jouit pas du monopole de la réussite quand même; il y a certainement des ombres au tableau. On observe des succès variés et des chances diverses; mais il faut reconnaître que, dans la majorité des cas, l'insuccès ne peut être mis sur le compte de la profession même, mais plutôt sur le compte de celui qui l'exerce, soit en raison d'une insuffisance directoriale, soit par suite d'une inconduite personnelle. Le forain est, comme tant d'autres, sujet aux humaines faiblesses. Cependant, il est juste d'ajouter que ces funestes exemples sont peu fréquents. On a rarement des catastrophes à enregistrer et celui qui, dans une juste mesure, sait concilier la satisfaction de désirs parfois exubérants avec les strictes et impérieuses exigences de son entreprise est, pour ainsi dire, sûr de son affaire. De toutes les manières de procéder en fait de prestidigitation, c'est, je crois, celle-là qui donne les plus heureux résultats.

Et c'est, en somme, toute justice! Ce n'est point sans peine que l'intéressé en arrive là; il s'en faut de beaucoup. Et puis si celui-là est banquiste ou charlatan, il l'est au moins ouvertement. Il ne cherche pas à dissimuler son étiquette. Du reste il ne le peut pas; avec lui vous savez à qui vous avez affaire. Il est franchement et hardiment banquiste. Quand bien même il ne le voudrait pas, cette dénomination ne peut, en ce qui le concerne, cacher aucune équivoque. A l'occasion, il revendiquera ce titre qui, pris dans un autre sens et appliqué à d'autres individus, change sensiblement d'interprétation. Bien que le mot reste homonyme, il n'est plus synonyme. Tous les banquistes ne sont pas à la foire. Sous quantité d'autres appellations, le monde en est peuplé et nous sommes tous plus ou moins exposés à être victimes d'une foule de charlatans qui, pour n'être pas avérés, n'en sont que plus dangereux.

Ceux de la foire ne vous font, en somme, que d'insignifiants prélèvements. Il faudrait que les réalités de leurs promesses fussent décidément bien peu sérieuses pour ne pas valoir d'aussi faibles déboursés, tandis que les autres, pour des sommes ordinairement plus importantes, ne vous donnent, les uns, que des marchandises inférieures ou frelatées, les autres souvent rien du tout, ne vous laissant, pour toute consolation, que des regrets, dont l'amertume est proportionnée au montant de la dépense. Ma foi, malgré tout ce qu'on peut dire, je trouve que c'est faire tort au nom de saltimbanque que de l'appliquer à une foule de dangereux exploiteurs qui mériteraient une désignation plus sévère.

Qu'est-ce donc, en effet, comme il l'a été certainement dit déjà et comme il est bon de le rappeler, qu'est-ce donc que ces individus qui spéculent sur la bonne foi et vivent de la crédulité publique, en jetant, aux yeux des imbéciles, la poudre d'un faste insolent et menteur dans le but de capter leur confiance et d'en abuser? Qu'est-ce donc que le gentilhomme d'occasion qui, sous des titres d'emprunt, se faufile sournoisement dans un milieu qui n'est pas le sien pour en exploiter la sottise? Qu'est-ce donc que le spéculateur sans vergogne qui promet à ses actionnaires des dividendes qu'ils ne toucheront jamais?

Qu'est-ce que la malheureuse qui a si savamment recours à l'art d'accommoder frauduleusement les restes, pour vendre ou pour louer ses charmes absents? Qu'est-ce que le commerçant sans loyauté, l'employé sans conscience, l'artiste prétentieux et sans talent, l'homme politique sans foi, la fille sans pudeur, le soldat sans honneur?

Banquistes assurément, mais banquistes dans le sens mauvais et méprisable du mot! Il serait injurieux de confondre ces diverses catégories avec ceux qui, s'ils sont banquistes, le sont au moins franchement et ouvertement.

Mais, je m'arrête, n'ayant ni l'intention ni la prétention de faire, sur nos plaies sociales, une étude dont la place n'est pas ici. Elle serait, en outre, évidemment incomplète et insuffisamment bien traitée. Je n'ai pour cela ni la science, ni la compétence voulues; je me plais humblement à le reconnaître.

Cependant, je crois pouvoir dire, car c'est, hélas! une triste vérité, qu'il a toujours été, qu'il est encore et sera toujours entendu que le charlatan est roi, le royaume des imbéciles lui appartient, et ce royaume est grand, il couvre, sur notre globe, une surface que je n'ose définir. Ce n'est peut-être pas consolant, mais il faut en prendre son parti, et j'aurai certainement l'occasion d'en donner quelques intéressantes mais désolantes preuves au sujet de certains faits mystérieux et extraordinaires, dont il sera parlé un peu plus loin.

VI

PARIS

Paris. — Il y a trente ans. — Les œufs d'or. — Le plomb meurtrier. — Un élève impérial. — Un tour dangereux. — Récréation fantastique. — Le dernier refuge. — Un spectacle honnête. — Une grave erreur. — Interview scientifique. — Aperçu chronologique. — Petits portraits. — La Grèce antique. — Admirable leçon!

A une époque qui n'est pas encore bien éloignée, la prestidigitation tenait à Paris une place sinon plus prépondérante, du moins peut-être plus importante qu'aujourd'hui. Il y a trente ou quarante ans, on comptait dans la capitale jusqu'à quatre et cinq théâtres dans lesquels, chaque soir, à heure fixe et à des prix divers, on sacrifiait exclusivement aux divinités thaumaturgiques.

C'était vers le temps des Comte, des Philippe, des Bosco et des Robert Houdin. Ces deux derniers sont plus universellement connus, surtout Robert Houdin, qui est, à juste titre, le plus célèbre. Son histoire a été trop bien écrite par lui-même, pour que j'ose ici ajouter un seul mot. Je ne m'arrêterai pas davantage à celle des autres, et c'est simplement pour mémoire que je rappelle que Comte était le « physicien du roi » et qu'on doit à Philippe le tour ingénieux des anneaux indiens, ainsi que celui des vases aux poissons qu'il rapporta d'exotiques contrées.

Chacun sait que Bosco s'est immortalisé par son adresse à exécuter le noble jeu de gobelets, qui peut être considéré comme le prototype des tours de prestidigitation et forme, avec les tours de cartes et de pièces de monnaie, une sorte de trilogie qui constitue le point initial de l'art et donne la définition exacte de ce qu'il faut entendre par prestidigitation.

Bosco est aussi fort connu par son fameux tour des pièces de vingt francs qu'il trouvait dans les œufs, sur le marché; tour sublime, dont tout le monde parle, mais que personne n'a vu ; non que je mette en doute son exécution en raison du peu de difficulté qu'il présente. Bosco l'a certainement fait, mais en jouant et simplement à titre de réclame. A cette époque c'était un usage, surtout chez les prestidigitateurs étrangers, de faire en ville quelque expérience à effet spécial qui, racontée, commentée et surtout amplifiée, faisa[it] à l'artiste une publicité sérieuse et surtout écono[no]mique.

Il y a une trentaine d'années, indépendam[ment] du théâtre Robert-Houdin, nous avion[s] au boulevard du Temple, le distingué Robin. [qui] fit époque avec ses spectres qu'il présentait ave[c] une rare perfection. A ses tours de magie blanc[he] il ajoutait des expériences d'électricité alors fo[rt] intéressantes.

Aujourd'hui, ce genre serait moins goûté. E[n] raison des progrès de la science, c'est maintenan[t] affaire d'ingénieur et non d'escamoteur et si, su[r] nos théâtres de magie, l'électricité joue parfo[is] un rôle, c'est généralement d'une façon plus o[c]culte.

A vrai dire, nous n'employons plus guère c[et] agent, si ce n'est sous la forme plus pratiqu[e] d'éclairage. Ce qui n'empêche pas que chaqu[e] fois qu'un spectateur voit se produire un fa[it] qu'il a peine à s'expliquer, il ne manque pas d[e] dire d'un air entendu : Ça marche par l'électri[i]cité. N'insistons pas.

A cette même époque, nous avions l'italie[n] Manicardi, dont on voyait partout les affiche[s] sur lesquelles il était représenté en train de se fair[e] fusiller... avec un pistolet! De la pointe de so[n] épée, « il pare le plomb meurtrier », disaient ce[s] affiches, et on allait voir ce plomb « meurtrier »,. qui ne le tuait jamais !

Il y avait Lassaigne, un roi de la muscade, qui avait trouvé le moyen d'installer un théâtre sous une des voûtes du chemin de fer de Vincennes. Nous lui devons, à Lassaigne naturellement, un de nos habiles opérateurs, non pas que ce dernier soit devenu son élève, mais parce que, à la seule vue des adroits escamotages de cet artiste, il se prit d'une belle passion pour la prestidigitation et se consacra à cet art dans lequel il s'est distingué.

Nous avons eu aussi Faure-Nicolay, salle Beethoven; Auboin Bronet et Welle, salle Séraphin, qui ne donnèrent qu'un nombre assez restreint de représentations. Puis dans les salons surtout, c'était Alfred de Gaston, l'érudit mnémotechnicien, et Alberti qui excellait particulièrement dans les tours de cartes. Celui-ci eut une chance peu commune, il devint professeur de prestidigitation du prince impérial. Il faut bien qu'un prince sache faire quelque chose ! Il est, du reste, des tours dont l'exécution réclame une certaine diplomatie. Cet élève infortuné n'a pas pu beaucoup profiter des leçons de son professeur. Sa fin tragique est certainement déplorable, au seul point de vue humain et toute politique à part. De plus, c'eût été pour les prestidigitateurs une véritable gloire que de posséder un tel collègue. Il est fâcheux aussi qu'il n'ait pas pris quelques leçons auprès de Manicardi. Cet artiste invulnérable lui aurait peut-être fait une heureuse application de son truc, en lui enseignant la manière de parer le plomb, je veux dire la zagaie meurtrière des noirs Zoulous.

Puis, au Cirque d'hiver, nous avons encore eu le docteur Epstein ; pourquoi « docteur » ? Docteur en quoi ? On ne l'a jamais su. Peut-être l'était-il réellement en quelque chose ; en tous cas ce ne pouvait être d'une bien grande importance au point de vue de l'escamotage, mais cela fait si bien sur une affiche ! Néanmoins Epstein était un artiste, et un artiste intelligent. Il opérait concurremment avec une troupe d'acrobates japonais ; il y avait variété. Il faisait peu de prestidigitation, mais il la réussissait bien. Il intercalait dans ses séances quelques éléments en dehors, tels qu'un intermède musical dans lequel il jouait fort agréablement d'un petit instrument spécial. Il faisait aussi de la ventriloquie. Sa devise semblait être : peu et bon. Le tour de l'homme fusillé, qu'il exécutait aussi, faillit un jour lui coûter la vie, par suite d'une négligence de son servant. Il en réchappa heureusement, et le plomb ne fut, cette fois, qu'à demi « meurtrier ». Ce coup lui fut même avantageux, grâce à la belle réclame que l'accident lui valut.

Tout en ne voulant pas être trop rétrospectif, il nous a paru bon cependant de donner un souvenir à ces célébrités de la précédente époque, et, tout en poursuivant cette rapide étude sur Paris, il convient de constater que de tant de magie et de magiciens, il reste toujours l'inamovible théâtre Robert-Houdin. C'est le dernier refuge de l'art, le seul survivant de tant d'autres qui furent ses contemporains. Je ne puis, à ce propos, entrer dans de biens longs détails. Ma situation d'attaché à ce théâtre m'impose une réserve que l'on comprendra facilement. Néanmoins, les graves fonctions d'historiographe, que je remplis ici, m'obligent à constater l'existence de deux autres salles consacrées aux enchantements et autres mystères, et au sujet desquelles, on doit aussi le comprendre, je dois être non moins discret.

Je dirai seulement que la somme de magie ainsi quotidiennement offerte aux amateurs, semble largement suffire aux exigences de la consommation parisienne. Le monde qui s'amuse est à la recherche de spectacles différemment pimentés.

Au lieu des paisibles émotions de l'escamotage, beaucoup trop de gens préfèrent la violence de certaines acrobaties lyriques et l'audition de refrains destinés à devenir d'autant plus facilement populaires qu'ils sont plus stupidement idiots.

La foule paraît peu sensible aux charmes du saut de coupe, mais elle s'émeut aux délices du saut de carpe. Elle reste indifférente aux honnêtes invitations de la thaumaturgie, mais elle se rue aux appels lubriques des Goulue et autres Grille d'Egout, dont la chorégraphie procède d'un art évidemment moins relevé que leurs jupes!

Autre temps, autres mauvaises mœurs. Il est certain qu'à Robert-Houdin c'est un autre genre de spectacle. Il faut bien qu'il en soit ainsi, car c'est surtout le théâtre des familles. On s'y amuse honnêtement, les convenances y sont congruement observées. Le public habituel est généralement composé de papas et de mamans qui accompagnent M. ou mademoiselle Bébé, à qui on a promis comme récompense une soirée fantastique.

Puis il y a les provinciaux et les étrangers qui, lors d'un voyage à la capitale, considèrent, à juste titre, une visite à Robert-Houdin comme faisant partie du stock de jouissances à satisfaire. Nous avons aussi les amateurs qui, de temps à autre, viennent là se retremper dans la magie et puiser de nouvelles forces et de nouveaux éléments de succès, pour les séances qu'ils donneront ensuite en famille. Chacun enfin y trouve un plaisir spécial dont l'intensité varie selon le goût ou le caractère.

La variété qui règne aujourd'hui dans la composition du spectacle est des plus heureuses, et les étonnantes créations mystérieuses de M. Méliès, directeur de ce théâtre, sont un des plus sérieux éléments de succès. J'en appelle à tous ceux qui ont vu : *la stroubaïka, le nain jaune, le valet de trèfle vivant, le Daï-Kang*, etc., etc.

Il est regrettablement admis que le théâtre Robert-Houdin est surtout un théâtre d'enfants. Il y a là, sinon une erreur absolue, du moins une interprétation exagérée. Il est certain que quantité d'expériences sont, en effet, très susceptibles d'amuser les enfants, mais on peut dire que le genre, dans son ensemble, est parfaitement de nature à intéresser tout le monde. Il y a des expériences qui peuvent fixer intensivement, non seulement l'attention du public en général, mais encore celle des savants et des psychologues.

J'en veux donner comme preuve un article paru le 22 juillet dernier dans la *Revue scientifique* sur la psychologie de la prestidigitation. Cette étude, parue sous la signature de M. W. Rells, est la traduction littérale de celle parue en anglais dans la *Tribune*, journal américain, et dont l'auteur est M. Max Dessoir.

La vérité m'oblige à dire que cette étude ne

présente rien de bien transcendant. A côté de quelques aperçus généraux, dont l'auteur a puisé l'idée à une source qui nous est bien connue, on trouve quelques observations psychologiques, dont la plupart sont admissibles et quelques-unes discutables. On remarque aussi, au point de vue technique, certaines erreurs qui démontrent que l'auteur n'est pas un professionnel. C'est là, du reste, un écueil contre lequel risquent toujours de se heurter, même les plus éminents écrivains, lorsqu'ils traitent une question dont le côté professionnel ne leur est pas familier.

Quelques jours après l'apparition de cette étude dans la *Revue scientifique*, le *Petit Journal* publiait en première page, sous la signature de M. Francisque Sarcey, un article inspiré par ladite étude. Je pris, en cette occurrence, la liberté d'adresser à M. Sarcey une lettre relative aux erreurs dont, de bonne foi, il se faisait l'écho, et j'eus, à cette occasion, la satisfaction de recevoir une lettre fort courtoise de l'éminent critique.

D'autre part, je sais qu'une autre étude dont l'importance est, cette fois, considérable, doit incessamment paraître dans une revue de premier ordre. Elle émane d'un centre particulièrement savant, et, il est à supposer que le côté technique sera cette fois moins légèrement traité, attendu que l'auteur, un de nos plus éminents psychologues, a eu de longues entrevues avec les professionnels les plus compétents. Je suis certain qu'il se dégagera de ce travail un très haut intérêt, à la fois littéraire et scientifique.

En présence de ces faits, et c'est là où je voulais en venir, on admettra que si certains tours sont de nature à satisfaire les exigences d'un jeune auditoire, il en est d'autres qui sont loin, très loin même d'être des jeux d'enfants. En effet, la prestidigitation a dans son répertoire quantité d'expériences très susceptibles d'attirer et de fixer l'attention des personnes les plus sérieuses et les plus intelligentes.

Malgré le talent incontestable de la plupart de ses opérateurs, le théâtre Robert-Houdin vit toujours un peu sur la réputation que lui a faite le grand artiste qui en fut le fondateur. Beaucoup de personnes arrivent là se figurant encore y voir Robert-Houdin lui-même et paraissent tout étonnées en apprenant qu'il n'existe plus. O célébrité, voilà bien de tes coups ! On se le figurait immortel. Il a cependant subi la loi commune, et depuis la disparition du maître, divers artistes se sont produits sur cette scène qu'il a tant illustrée.

Aujourd'hui, comme toujours du reste, avoir joué au théâtre Robert-Houdin pendant un laps suffisant, constitue pour un prestidigitateur le *summum* de la gloire. C'est un poste envié. C'est le Théâtre-Français du genre. Cela vous donne un vernis tout spécial et une certaine autorité en matière de magie et de sorcellerie. C'est une sorte de maréchalat dont les titulaires se montrent fiers à juste titre.

Après le grand Robert-Houdin, on a vu successivement sur cette scène : Hamilton, Cleverman, Brunnet et Robert-Houdin fils qui, par suite de circonstances dont la relation n'offrirait ici aucun intérêt, se trouva dans l'obligation de reprendre la direction et d'opérer lui-même. La vérité me force à dire que, comme prestidigitateur, il n'avait pas les brillantes qualités artistiques de son père. Mais il faut rendre hommage au courage et à la bonne volonté dont il sut donner des preuves, pour exercer presque subitement une profession qui n'était pas tout à fait dans ses cordes. Néanmoins, et grâce à l'adjonction de quelques numéros à sensation, il sut honorablement se maintenir.

La malle des Indes fut un des grands succès de cette époque. Puis, pour la première fois peut-être, on vit des artistes d'un autre genre. Cette innovation avait son caractère intéressant, elle variait les soirées et contribuait au succès de l'entreprise. Il y avait tantôt un jongleur excentrique ou un ventriloque étonnant ; tantôt survenait quelque truc mystérieux présenté par des artistes spéciaux. On y vit même Jacques Inaudi, le calculateur prodige, encore enfant, et, aujourd'hui, si justement célèbre, puis le réjouissant Fusier qui, avec ses imitations et sa revue, revue et corrigée, qu'il jouait seul, attira la foule au théâtre du boulevard des Italiens.

A cette époque, les adjudants de Robert-Houdin fils étaient Linsky et Warner, deux artistes qu'il convient de citer et qui, tour à tour, opéraient au théâtre ou en ville. Linsky avait beaucoup voyagé, il se reposait de ses pérégrinations en donnant, de temps à autre, un coup de main à Robert-Houdin fils dont il était l'ami. Warner opérait dans les mêmes conditions ; c'était un artiste consciencieux, mais timide et modeste, *rara avis*. Sa timidité lui enlevait parfois une partie de ses moyens. Il faut néanmoins reconnaître que ses séances étaient toujours convenablement présentées et bien exécutées.

Le bon Warner étant parti pour un monde que l'on prétend meilleur, madame Robert-Houdin voulut bien me prier d'entrer au théâtre, honneur que je partageai avec les prestidigitateurs Jacobs et plus tard Duperrey qu'il convient également de citer.

Ce léger aperçu chronologique m'a paru inévitable. Je n'ai pas cru pouvoir me dispenser de le faire, tout en restant dans des limites aussi restreintes et aussi dépourvues de commentaires que possible.

Le décès de M. Robert-Houdin fils étant survenu en 1883, madame veuve Robert-Houdin resta seule directrice jusqu'en 1888, époque à laquelle le théâtre fut acheté par M. G. Meliès, directeur actuel, à qui nous devons la création de plusieurs grands trucs ingénieux, tous plus remarquables les uns que les autres et dont j'ai donné plus haut l'intéressante nomenclature.

Nous voilà donc en pleine actualité. Les faits sont maintenant bien près de nous. On comprendra qu'il m'est fort difficile de peindre la situation présente de la prestidigitation, ainsi que celle des prestidigitateurs actuellement en vue à Paris. Je suis trop directement mêlé au mouvement, ma condition d'opérateur, et par conséquent de concurrent, ne me laisse pas toute ma liberté pour porter des jugements qui pourraient être diversement appréciés. Je laisse ce soin aux historiographes de l'avenir, s'ils jugent toutefois un jour à propos de prendre cette peine. Pour moi la réserve s'impose plus que jamais. Quel que soit le sens dans lequel je parlerais, je puis courir le risque d'être accusé ou tout moins soupçonné de partialité.

Il m'eût été cependant bien agréable, et il me paraîtrait certes bien intéressant de faire, à main levée, le portrait ou plutôt le croquis artistique de ceux qui, de différentes façons, exercent actuellement à Paris. L'entreprise est bien tentante, mais elle n'est pas sans présenter une quantité d'inconvénients divers. Il est toujours fort délicat de s'ériger en juge. Si je veux parler, il faudra que je dise tout, ce sera peut-être beaucoup. Après l'énumération des qualités, viendra celle des défauts; qui n'en a pas? Tant que je serai laudatif, ça ira tout seul. Les intéressés admireront la justesse de mes vues et la profonde sagacité de mon jugement, ils trouveront alors que j'ai fait un excellent livre.

Mais si, même d'une plume indulgente et légère, je dévoile quelques défauts, ce sera une tout autre guitare. Je ne serai plus qu'un vulgaire bêcheur, et cet excellent livre deviendra un affreux et mauvais bouquin. Et pourtant, il est toujours si agréable de dire un peu de mal de ses collègues! On a l'air de valoir mieux qu'eux. Le cas ne laisse pas que d'être fort embarrassant et, pour en sortir avec tous les honneurs de la guerre, j'ai bien envie en cette conjoncture d'imiter de Conrart le silence prudent.

Après tout qu'est-ce que cela peut bien vous faire de savoir qu'Untel serait un fameux artiste

si son talent était à la hauteur de ses prétentions?
Qu'il nourrit de chimères son activité aussi dévorante que son ambition, et qu'il a tant de dextérité dans la langue qu'il n'en reste, hélas! pas assez pour ses mains? A quoi bon dire que tel autre a certainement un talent appréciable, mais que sa présentation peut difficilement être qualifiée de folâtre et qu'elle est accompagnée d'un langage tellement cherché, qu'il ne s'y retrouve pas lui-même au bon moment? Hélas! sa trop savante pensée plane constamment à des hauteurs qui ne sont pas accessibles au premier venu, ni même au dernier. Ce qui n'empêche pas d'apprécier à l'occasion le charme de sa compagnie, lorsqu'il veut bien consentir à descendre des susdites hauteurs.

Et cet autre? Il est, pour ainsi dire, impeccable dans son exécution dont on admire l'adresse et le fini. Chez lui rien n'est livré au hasard; tout est noté, rangé, réglé, étiqueté et mis au meilleur point. La fantaisie et l'originalité n'y trouvent peut-être pas toujours leur compte, simple question de tempérament. Mais ces qualités accessoires sont remplacées par une savante rectitude qui commande quand même l'attention.

Le suivant possède également un talent réel; tout en restant convenable, il ne prétend ni aux exagérations de tenue, ni aux élégances de langage. Il se contente d'être adroit et sait agrémenter ses tours d'effets comiques qui, pour n'être pas toujours de la plus exquise finesse, n'en sont peut-être que plus amusants.

Que vous servira-t-il d'apprendre que X... professe pour son art un enthousiasme difficile à décrire, que pour lui il n'y a rien au dessus de la prestidigitation? Quand il n'en fait pas, il en parle; quand il n'en parle pas, il en rêve; quand il n'en rêve pas, il y pense; et quand il n'y pense pas... c'est qu'il pense à autre chose! Il sort alors de son état normal, mais il n'en sort pas souvent. Son langage a un petit goût de terroir d'une saveur particulière. Il attache à ses expériences une importance comiquement capitale. Pour lui les secrets d'Etat et les mystères de l'antiquité ne sont que de vulgaires plaisanteries auprès des expériences qu'il présente lorsqu'il exhibe son noble talent. Ne lui dites pas qu'il existe un art supérieur à la prestidigitation. Pour vous prouver le contraire, il vous ferait un discours tellement macaronique que vous ne sauriez où mettre vos mains. Ce n'est plus de l'amour, c'est de la passion, c'est de la rage, de la frénésie. Il faut voir avec quelle sainte vénération il prépare sa boîte pour donner une séance. Disons, pour être sincère, qu'il travaille bien et présente d'assez jolis trucs.

Pour ne pas allonger outre mesure cette galerie spéciale, passons rapidement sur Y..., Z... et *tutti quanti*, qui ont des défauts et des qualités divers, dont l'énumération offrirait un intérêt très relatif.

Terminons, cependant, par un collègue qu'il est juste de ne pas oublier ici. Avec celui-là, pas moyen de s'ennuyer un instant, c'est l'homme quantité; en moins de temps qu'il ne faut pour le dire, il vous entasse des Pélion de tours sur des Ossa d'expériences, tout cela avec un entrain, une confiance et un contentement de soi-même qui sont d'un bel exemple. Celui-là sait tout et le reste. Il ne doute de rien. Demandez-lui d'escamoter l'Obélisque, vous ne le démonterez pas, il en trouvera le moyen, sinon pratique du moins théorique. Rien ne lui est inconnu, rien ne lui est impossible. Il est entraînant, hilarant, sans pose et sans affectation, quoiqu'au fond, comme bien d'autres, du reste, intimement convaincu qu'il est une des gloires, sinon la seule gloire de son époque. Ses discours sont bien parfois émaillés de délicieuses fantaisies qui ne sont peut-être pas toujours très académiques. Ce détail est pour lui sans importance. Est-ce que cela change la nature d'un tour? Non, n'est-ce pas? Eh! bien, alors? Au demeurant, un vaillant et le meilleur garçon du monde.

J'en oublie, certainement. Peut-être aurais-je dû me réserver une place dans cette galerie. Mon intention est précisément de ne pas faire intervenir ici ce « moi » que Pascal reconnaît, avec raison, être « haïssable ». Il est, d'ailleurs, bien plus amusant de taper un peu sur les autres.

Et puis, voyons, la main sur la conscience, il est si difficile de porter un jugement sur soi-même! L'antiquité grecque nous a bien légué un sublime précepte que chacun devrait inscrire chez soi en lettres d'or et à une place d'honneur : « Connais-toi toi-même! » Mais malgré les chefs-d'œuvre de tous genres qu'elle nous a laissés, je la trouve un peu vieillotte, cette bonne antiquité grecque! Je suis, d'ailleurs, peu versé dans l'idiome du divin auteur de l'*Iliade* et de l'*Odyssée*. J'ai vaguement entendu parler des profondes dissertations de Platon et des superbes harangues de Démosthènes. Ce que je puis affirmer, c'est que, sans avoir jamais mis les pieds à Athènes, j'ai déjà vu pas mal de Grecs, mais leurs mains m'ont toujours beaucoup plus occupé que leur langue.

Eh! bien, malgré ces beautés que l'on dit réelles, s'il faut en croire nos modernes potaches, que l'on bombarde à coups de thèmes et de versions grecques; malgré les chefs-d'œuvre de la littérature latine, avec les chants si poétiques de

Virgile et les discours enflammés de Cicéron…, vive encore la France, la France de Rabelais, de Pascal, de Molière et de ce bon La Fontaine, qui connaissait à fond tous les replis du cœur humain ! Il savait, celui-là, faire adroitement parler les animaux et autres bêtes à deux pattes et, dans une de ses fables immortelles, il déclare avec une autorité à laquelle on se plaît à rendre hommage, que nous sommes tous plus ou moins :

Lynx envers nos pareils et taupes envers nous ! ?

Admirable leçon ! A nous d'en profiter et de savoir nous montrer un peu sévères à notre égard et très indulgents envers les autres !

Cela dit :

Chassez le naturel, il revient au galop.

Je ne puis cependant faire autrement que d'ajouter quelques mots sur certaines célébrités intermittentes ou simplement de passage, dont la capitale offre, de temps à autre, d'intéressants échantillons. Nous allons donc, si vous le voulez bien, en passer quelques-unes en revue dans le chapitre suivant, et nous ferons tout notre possible pour ne pas trop les éreinter.

VII

PARIS (suite et fin.)

Célébrités de passage. — Patrizzo. — Herrmann aîné. — Buatier de Kolta. — Frizzo. — Le chapeau de Hartz. — Herrmann jeune. — Au salon. — Le conservatoire demandé. — La postiche. — Le truc du Turc. — Moreau. — Saluez, messieurs.

Parmi les prestidigitateurs qui ne firent que passer à Paris, depuis quinze ou vingt ans, nous voyons d'abord, par ordre de date, le comte E. Patrizzo, un italien, comme son nom l'indique. Il donna une bonne série de représentations dans la salle des Folies-Bergères qu'il loua pour son compte, pendant une période de fermeture de cet établissement. Il n'eut pas, je crois, trop à se plaindre de la hardiesse de cette entreprise. Pendant une saison plutôt mauvaise, puisque c'était en été, il sut amener assez de monde pour se maintenir honorablement.

Sa séance, sans être pour nous une révélation,

était intéressante et nous avons tous gardé un bon souvenir de son passage.

Nous avons, ensuite, Herrmann qui, en 1878, environ, fit, au théâtre des Nouveautés, une apparition relativement courte. On l'appelait le grand Herrmann, probablement pour le distinguer de son frère, auquel l'épithète de grand peut être également appliquée, mais pas dans le même sens. Ce grand Herrmann venait à Paris précédé d'une certaine réputation et jouissait d'une autorité que lui donnait son grand âge. L'extrême confiance qu'il avait, à juste titre, en lui, lui donnait une assurance imperturbable. Son exécution était parfaite et ses effets bien combinés, malgré, ou, pour mieux dire, à cause d'un moyen auquel je refuse toute approbation et qui n'est autre que l'emploi du compère dans la salle. J'ai toujours condamné ce procédé, que je considère comme une sorte de déloyauté artistique. Dans ces conditions, on peut, à bon marché, faire des choses qui tiennent du miracle, et j'estime qu'avec son talent, Herrmann pouvait se passer de ce stratagème qui confine à la fumisterie.

En somme, Herrmann ne faisait rien de plus extraordinaire que les autres, mais il fixait évidemment l'attention. Avec moins de morgue et de froideur, il eût été peut-être plus apprécié encore. La prestidigitation étant plutôt un art léger ne peut que gagner à être présentée moins sèchement. Il faut néanmoins reconnaître qu'Herrmann était un artiste. De plus, il avait un précieux avantage : il était riche et fréquentait chez les grands journaux. On n'a pas idée de l'importance de ces deux conditions et de l'influence qu'elles peuvent exercer sur la confection d'une réputation.

Il ne faut pas oublier, dans cette nomenclature, de citer aussi Frizzo, qui donna, il y a quelque huit ou dix ans, une série de représentations au théâtre des Menus-Plaisirs et à l'Athénée. C'était un compatriote de Patrizzo. Sa séance était bonne, sans excès, sa présentation était convenable, mais manquait un peu d'entrain. Il faut dire cependant que nous lui devons la résurrection des ombres animées qu'il exécutait bien et remit ainsi à la mode, à ce point que, depuis lui, quantité d'artistes se sont fait une spécialité de cette amusante récréation. Nous pouvons, en somme, accorder un bon souvenir à ce confrère.

Parmi les plus marquants, il est juste maintenant de citer M. Buatier de Kolta, qui opéra un peu partout, et fit, à diverses époques, quelques curieuses apparitions. On le vit à l'ancien théâtre des Folies-Marigny, aux Champs-Elysées, à la salle du Boléro Star aujourd'hui disparue. Puis on le retrouve au cirque d'Eté, aux Folies-Bergère, à l'Eden-Théâtre et, finalement, au théâtre des Nouveautés qui, décidément, semble avoir un faible pour les prestidigitateurs. En effet, nous y avons aussi vu le « professeur » Verbeck.

Nous aurions aussi voulu y voir le joyeux Cordelier, nous avons cependant eu ce plaisir aux Folies-Bergère. Nous voudrions même bien pouvoir dire quelque chose de ces deux maîtres. Mais, bien que rarement à Paris, ils sont encore trop actuels et trop de notre propre école pour que nous puissions nous livrer librement à aucune appréciation sur leur compte.

En ce qui concerne M. Buatier de Kolta, on peut dire qu'il y a peu, et même qu'il n'y a pas de prestidigitateur qui, comme lui, puisse se vanter d'avoir opéré dans tant de locaux pour la seule ville de Paris, y compris le théâtre international de l'Exposition de 1889. Il a certainement fait sensation et, s'il avait eu la souplesse et le brio qui lui manquaient d'une façon sensible, il eût certainement acquis une réputation plus grande encore. Je ne m'étonne pas qu'étant donné le tempérament des Anglais, il se soit taillé à Londres un succès plus grand que celui, cependant fort honorable, qu'il a eu à Paris.

Comme prestidigitateur, M. Buatier de Kolta ne peut prétendre à une sérieuse appréciation;

ce n'est, d'ailleurs, pas vers l'exécution des tours d'adresse proprement dits que tendirent ses efforts.

Bien qu'il avait dans son répertoire certaines expériences auxquelles l'adresse n'était pas complètement étrangère, il s'attacha surtout à l'exhibition de quelques grands trucs spéciaux, dont la présentation pouvait parfois laisser un peu à désirer, mais dont l'exécution était vraiment remarquable.

Il s'applique surtout à ne présenter que des « trucs » de son invention, ayant un cachet à part; quelques-unes de ses créations sont géniales, il a exécuté des choses fort curieuses et toujours fort ingénieuses, dont la plupart surprenaient, à première vue, les prestidigitateurs eux-mêmes.

C'est surtout un trucqueur, mais un trucqueur bien remarquable; avec un peu plus de souplesse dans la présentation, il obtiendrait certainement un succès plus grand encore. En somme, c'est un artiste et, surtout, un créateur de mérite. Parmi ses plus ingénieuses expériences, tout le monde se rappelle encore : la cage éclipsée, la femme disparue à la chaise, les fleurs improvisées, etc., sans oublier le cocon qui, malgré un mérite évident, n'a pas obtenu le même succès que ses précédentes créations; c'est cependant fort bien, très ingénieux, mais seulement un peu froid.

Peut-être le verrons-nous incessamment arriver avec quelque nouvelle merveille; c'est fort possible, mais je ne suis pas dans ses confidences. C'est, d'ailleurs, un réservé. Quand il est à Paris, il est, pour ainsi dire, visible seulement en public. Lorsqu'il ne joue pas, il voit peu de monde et sort rarement, il travaille! Un soir, sur les instances d'un ami commun, j'ai eu l'avantage de l'avoir comme spectateur au théâtre Robert-Houdin. Si j'en crois ses paroles, j'aurais eu le rare privilège de l'intéresser. Il a eu, en tous cas, la politesse de me le faire supposer.

Pour en finir avec lui, je me plais à redire que c'est un remarquable artiste et suis très heureux de lui rendre ici l'hommage qui lui est dû.

Il est aussi un autre artiste dont le passage, très court, du reste, fit peu de bruit et qui, cependant, mérite, à mon avis, une mention particulière. Ce spécialiste, nommé Hartz, parut aux Folies-Bergère. Il ne faisait, à ce moment du moins, qu'un seul tour, mais c'était un maître tour. Je déclare n'avoir jamais rien vu de semblable accompli par un autre physicien.

On sait que, lorsqu'un prestidigitateur fait un tour avec un chapeau, il termine ordinairement en sortant de ce couvre-chef une quantité plus ou moins considérable de menus objets, tels que : cartes à jouer, fleurs, rubans, lanternes, etc., etc. C'est traditionnel, et un opérateur qui ne terminerait pas de cette façon un tour de chapeau semblerait manquer à tous ses devoirs.

Hartz procédait autrement. Après avoir d'abord emprunté un chapeau, il commençait immédiatement à en faire sortir quelque chose. Puis, il continuait et, pendant vingt minutes, toujours au milieu de la scène, sans table devant lui et sans soustraire un seul instant ce chapeau à la vue des spectateurs, il en sortait quantité d'objets hétéroclites : foulards, rubans, fleurs, perruques, une tête de mort, deux douzaines de verres à boire, une douzaine de bouteilles de champagne, six lanternes en métal, allumées et garnies de leurs verres, sans compter ce que j'oublie. Il finissait enfin, dans la salle même, au milieu des spectateurs, par sortir du même chapeau une énorme crinoline.

La première fois que je vis ce tour, il me rendit rêveur. Je sortis de là fort intrigué. C'est seulement à la seconde audition que je pus me rendre compte des ingénieux procédés mis en œuvre. La relation de ces procédés n'a jamais été faite, que je sache du moins, et le fameux Van Lamesch lui-même est muet sur cette question.

Eh! bien, j'estime que ce tour a de la valeur.

J'avoue qu'il m'a empoigné comme composition et comme exécution. D'où vient qu'il n'a pas eu plus de retentissement, et que le public resta froid devant cette merveille? Question de présentation, pas autre chose! Hartz, ne parlant pas français, ne disait pas un mot pendant cette longue extraction. Pendant vingt minutes, il triturait ce malheureux chapeau et en extirpait d'invraisemblables quantités d'objets divers qu'on voyait bien sortir, mais dont on avait peine à s'expliquer la provenance. C'était beau, mais c'était triste; ça manquait de boniment.

Si ce tour là eût été présenté par un bavard de ma connaissance, c'eût été peut-être un succès plus marqué. On a fait grand bruit autour de certains trucs qui ne valaient certainement pas celui-là. J'ai rarement vu quelque chose de plus curieux que ce chapeau fantastiquement inépuisable.

Donc je vote un bravo pour Hartz en raison de l'ingéniosité et de la bonne exécution de son truc. Seulement qu'il soigne le boniment, c'est un conseil que je me permets de lui donner et que je crois excellent.

Je ne puis moins faire aussi que de dire un mot sur Herrmann junior, frère du grand Herrmann, dont il a été question plus haut. En 1885, ce jeune Herrmann fit, à l'Eden-Théâtre, une tapageuse apparition, annoncée par de prodigieuses affiches et de non moins prodigieuses réclames, lancées partout avec une prodigalité à laquelle nous n'étions pas habitués. C'était bien américain. Malheureusement, à mon avis du moins, la première représentation, à laquelle je n'eus garde de manquer, ne remplit qu'imparfaitement les alléchantes promesses des brillantes affiches. Ce Herrmann numéro deux, malgré sa stature, ne sut pas se tenir à la hauteur de la situation. Au lieu des merveilles et des nouveautés que nous étions en droit d'attendre, puisqu'elles nous étaient promises, nous ne vîmes là que la réédition d'un programme qui fait les délices des foires et fêtes publiques, depuis au moins une cinquantaine d'années. Pas la moindre originalité, ni dans la présentation, ni surtout dans l'exécution. Ajoutons à cela la présence, dans la salle, de complaisants compères qui arrivaient là portant sous leurs vêtements les lapins que le brave Herrmann semblait en faire sortir, mais qu'en réalité il nous posait audacieusement.

Tout cela ne me parut pas valoir les cinq francs que me coûtait mon fauteuil. Et, comme pour mettre le comble à mon peu de satisfaction, Herrmann eut, en outre, l'audace et la sottise de dévoiler publiquement un des plus jolis tours du répertoire moderne.

On connaît mes sentiments à cet égard : indigné autant par l'infériorité de son talent, comparé aux promesses des affiches, mis enfin hors de moi par ce dernier trait de divulgation, je le sifflai outrageusement à la chute du rideau.

De là, tumulte, arrestation, expulsion, citation, comparution, et, finalement, condamnation à cinq francs d'amende pour scandale causé dans un lieu public! Comme compensation, et après un mutuel envoi de lettres, que publièrent les journaux, et qui furent échangées entre M. Plunket, alors directeur de l'Eden, et moi, une superbe loge de six places me fut gracieusement offerte par cet aimable et spirituel directeur, auquel j'étais cependant un inconnu, pour me permettre, disait-il dans sa lettre, « de venir manifester en famille. » Offre que j'acceptai avec reconnaissance, tout en priant M. Plunket, s'il voulait se montrer généreux jusqu'au bout, de me réserver cette faveur à l'issue des représentations d'Herrmann, une seule audition suffisant à mon bonheur.

Il faudrait un chapitre entier pour établir la genèse de cette loge offerte par un directeur dans le théâtre duquel on siffle, et parce qu'on a sifflé! Aventure amusante et probablement unique dans les annales du théâtre.

Au cours d'une conversation que j'eus le plaisir d'avoir avec M. Plunket, en allant lui réclamer la loge promise qu'il me donna lui-même, il m'avoua, et j'affirme qu'il me fit cet aveu, qu'il aurait bien voulu siffler aussi ; malheureusement sa situation de directeur ne lui permettait pas de se livrer à cette sorte de manifestation, surtout dans son propre établissement. Il faut, en effet, reconnaître que cela n'est pas dans les usages courants.

L'ensemble de cet incident eut, d'ailleurs, quelque retentissement, et, pendant plusieurs jours, occupa la presse parisienne. Ce furent des dissertations à perte de vue, sur ce droit de siffler, qu'à la porte, paraît-il, on achète en entrant, à condition, paraît-il également, de ne pas s'en servir. Cela me fit une réclame et une publicité dont je profitai assez, pour rentrer, plus que largement, dans mes déboursés de fauteuil et d'amende.

Pour en finir avec ce Herrmann, d'autant plus grand qu'il s'appelle aussi Alexandre, un mot authentique et admirable de ce fameux opérateur. Je le tiens de mon ami Fusier, qui, non seulement m'autorisa, mais encore, me recommanda de ne point laisser cette perle dans l'oubli.

« Croyez-vous, lui dit un jour Herrmann, qu'il
« y a des gens qui contestent mon talent? Et

« pourtant je ne suis pas un artiste ordinaire,
« jugez-en :

« Je voyage avec trois mille kilos de bagages ! »

Après cet aveu, qui se passe de tout commentaire, on doit néanmoins reconnaître que, dans ces conditions, A. Herrmann est évidemment un artiste de poids.

Indépendamment des artistes de passage et des sédentaires opérant dans des salles ou dans un théâtre spécial, comme le théâtre Robert-Houdin, la prestidigitation se produit, en outre, soit dans les salons... soit dans les cafés. L'écart est sensible. Il y a bien aussi les cafés concerts, mais ils se montrent, en général, rétifs aux productions de la magie. Un intermède de ce genre semblerait pourtant avoir sa place toute indiquée dans un pareil endroit ; il en est autrement. Lorsque, par hasard, il se produit une tentative dans ce sens, soyez sûr que cette faveur est réservée à un étranger, tant il est vrai que nul n'est prophète en son pays ! L'étranger lui-même ne réussit pas toujours mieux. Il faudrait, au prestidigitateur indigène ou exotique, un je ne sais quoi qui lui permette de lutter avantageusement contre les suaves refrains par trop échevelés qui font la joie des habitués de ces sortes d'établissements.

Nous avons heureusement le salon. C'est un genre naturellement distingué, qui demande des artistes particulièrement convenables. C'est, du reste, ce qui a lieu dans la majorité des cas ; si, parfois, il en est un qui pourrait trouver un plus utile emploi à la Halle, surtout à celle aux cuirs, c'est heureusement l'exception ; on a même vu parfois un de ces fantaisistes être discrètement prié, dès le début, de quitter la place et de suspendre le cours de ses trop joyeuses improvisations. De telles aventures, bien que rares, sont fort regrettables; elles jettent sur la profession et sur les professeurs, une défaveur dont ceux-ci se passeraient volontiers. Elles font un tort évident, car il est certain que, lorsqu'on a eu de tels échantillons dans son salon, on y regarde à deux fois avant de tenter une nouvelle épreuve.

Quant à moi, j'estime que c'est bien la plus agréable façon d'opérer et qu'au salon, surtout, un prestidigitateur adroit et amusant est bien en situation pour intéresser ses auditeurs et faire valoir son talent. Là, il ne dispose que de ressources restreintes et c'est surtout son adresse qui doit faire les frais de la représentation. Il faut tenir compte que, moins un prestidigitateur a de matériel, plus il a de talent. Dans ce cas, le salon est, pour lui, un cadre tout à fait approprié !

Reste maintenant le café, qui s'exploite à Paris de deux façons différentes : soit à la séance affichée, soit à la « postiche ». Ce dernier genre est le moins relevé, nous en parlerons plus loin.

Quant au premier, c'est, à peu de chose près, comme en province, sauf que celui qui exploite cette branche ne voyage pas, il est vrai, mais passe sa journée à la recherche d'un établissement hospitalier. Une fois le local trouvé, il y pose son affiche avec la date de la séance qui aura lieu quelques jours après. La réussite est, comme toujours, une question de chance. Elle diffère suivant le quartier ou la clientèle et dépend également du plus ou moins de talent et de roublardise de l'opérateur.

Parmi ceux qui font, aujourd'hui, partie des « célèbres » ou qui, du moins, se proclament tels, il en est qui, il y a quelque vingt ans, n'ont pas eu d'autres commencements que le café. Ils n'en sont pas moins fiers pour cela et ils ont parfaitement raison. Le café, comme nous l'avons déjà dit, est une excellente école pratique, c'est une sorte de pépinière où s'exercent et parfois se complètent les futurs sujets; ceux qui ne commencent pas dans ce milieu font généralement exception.

Il n'existe, en somme, pas d'institut spécial pour la prestidigitation. Il faut bien faire ses premières armes quelque part. La facilité d'accès est d'ailleurs engageante. Nous en connaissons qui ne sont jamais sortis de ce modeste mais utile milieu, tenez pour certain que ce ne sont pas toujours les plus mauvais.

Il nous reste à parler de ceux qui font la « postiche ». Parmi les personnes érudites qui ont le privilège de connaître une, ou même plusieurs langues étrangères, toutes ne connaissent peut-être pas cette langue étrange qui s'appelle l'argot. Elles peuvent donc, bien naturellement, ne pas saisir à première vue l'exacte signification du mot « postiche » appliqué à la prestidigitation. Ne perdons pas notre temps à rechercher l'étymologie de ce vocable. Disons simplement que pour certains opérateurs, d'ordre dit inférieur, faire la postiche consiste tout bonnement à pénétrer dans le premier établissement venu pour exécuter, sur le pouce, quelques tours de cartes ou autres, après en avoir préalablement obtenu l'autorisation du patron. Aussitôt ses quelques tours exécutés, l'opérateur fait une collecte plus ou moins fructueuse et, après avoir remercié l'honorable société, il s'en va plus loin recommencer sa petite séance. C'est une course continuelle dans les petits cafés, marchands de vins, gargotes, caboulots, etc., etc. C'est la perpétuelle chasse aux gros sous, avec toutes ses fatigues, tous ses déboires et toutes ses péripéties !

Inutile de dire que cette branche n'est pas habituellement exploitée par les princes de la corporation. Cependant, tout inférieur qu'il puisse être, ce genre a ses célébrités. Des artistes possesseurs de talents enviables, ne dédaignent pas de faire ce métier.

Il en est qui ne fréquentent chez les cabarets que si l'établissement porte un grand nom et est visité par des personnes assez bien rentées pour lâcher avec aisance la pièce de cent sous, quand ça ne va pas jusqu'au louis.

Ce qu'il y a d'étonnant, c'est que, pour opérer dans ces établissements fermés à MM. les « professeurs sérieux », les posticheurs en question ne demandent l'autorisation à personne. Ils s'installent comme consommateurs. Étant déjà assez connus d'une partie des habitués, ils attendent qu'on leur demande une petite séance, et, ma foi, si la montagne ne vient pas à eux, à l'exemple de Mahomet, ils vont simplement à la montagne. Ils ont, pour cela, divers moyens qui, pour être détournés, n'en sont que plus ingénieux. Il existe, dans cet ordre d'idées, deux artistes dont il est impossible de ne pas s'occuper ici.

L'un d'eux est le nommé Marco, surnommé le petit Turc, probablement parce qu'on le voit toujours coiffé du fez. Je ne crois pas que cette coiffure indique bien nettement sa nationalité. Il parle, ou à peu près, plusieurs langues, et, malgré son nom d'apparence italienne, on le dit Polonais ; c'est peut-être pour cela qu'il se coiffe en Turc. Mais il est plutôt supposable que cette calotte est une sorte de pavillon arboré à titre d'enseigne, en manière de réclame. En effet, si peu de personnes connaissent Marco, tout le monde, sur le boulevard, connaît le petit Turc ou l'homme à la calotte rouge.

Le principal truc de ce Turc est son fameux tour de la bague dans la baguette, qu'il exécute avec une adresse et une virtuosité incomparables. Il est, je crois, seul à présenter cette amusante et très surprenante illusion, c'est le clou de son répertoire. Je n'ai jamais entendu dire que d'autres eussent tenté l'expérience. Ce tour prend, en certaines circonstances, l'apparence d'un jeu, soit, mais combien admirable et attachant. J'ai pu me rendre un compte suffisant des bases sur lesquelles il repose. Ne faisant ici, pas plus qu'ailleurs, du reste, de débinage technique, je n'insisterai ni sur les subtilités de l'expérience ni sur sa solution éventuelle. Je dirai seulement que pour bien l'exécuter, il faut, non seulement posséder une adresse manuelle incontestable, mais encore savoir mettre en jeu les finesses d'une diplomatie capable de faire pâlir Machiavel lui-même.

Ce Turc-Polonais vit avec ce tour depuis des années. Il l'a promené dans toutes les capitales et a parfois eu l'occasion de le soumettre à la haute approbation de certaines têtes couronnées.

Il faut reconnaître qu'il présente aussi, très habilement, certains autres tours variés et, particulièrement, le jeu des gobelets qu'il exécute à table et entouré de ses spectateurs. Dans ces conditions, indépendamment d'ingénieuses passes, il trouve moyen de finir en introduisant invisiblement sous chaque gobelet, des objets relativement volumineux, tels qu'un citron, une pomme et une orange.

La première fois que je vis ce tour, étant données les conditions d'exécution et mes connaissances sur la matière, je fus absolument surpris. Je me jurai de n'avoir point de repos avant d'avoir découvert le procédé. Le plus difficile était de retrouver mon homme. Sa façon de se produire ne nécessitant aucune publicité, on ne savait jamais où le trouver. Ce fut beaucoup plus tard que j'eus enfin la chance de le rencontrer, un soir, dans un café aux environs de l'Opéra. Mes efforts furent enfin couronnés de succès et j'appréciai beaucoup cet ingénieux moyen que, comme toujours, je me garderai bien de divulguer ici.

En résumé, Marco n'est pas un artiste ordinaire. On le demande parfois au salon. Si sa présentation ne constitue pas tout à fait un modèle, il faut convenir que son exécution est vraiment remarquable, aussi ai-je tapé sur cette tête de Turc dans une mesure que je laisse à chacun le soin d'apprécier.

Il me reste maintenant à présenter Moreau. Saluez, messieurs les prestidigitateurs de tout ordre, de tout âge et de tout talent! S'il n'a pas, comme plusieurs d'entre vous, la distinction, le beau langage, la grâce et l'esprit qu'on est en droit d'attendre d'artistes qui se décorent eux-mêmes des titres les plus pompeux, Moreau vous dépasse tous de la hauteur de son talent, de son adresse et de sa finesse, de sa subtilité et de sa virtuosité. Au point de vue manuel, il est le seul auquel l'épithète de merveilleux puisse être appliquée sans exagération. Il est sans rival, si forts que vous soyiez, impossible d'égaler Moreau dans son genre spécial; lorsqu'il opère, l'œil est émerveillé et l'imagination mise en déroute.

Etourdissant dans tout ce qu'il fait, il a une spécialité : les tours de cartes; il en est le Paganini! Il touche tout simplement à la sublimité! Une séance de Moreau est un régal de haut goût; j'en appelle à tous ceux qui ont eu l'heureuse chance de le voir. Mais ne le voit pas qui veut. Il exerce modestement, discrètement, presque secrètement.

Pour beaucoup de prestidigitateurs, Moreau est un être légendaire, tous en ont entendu parler, beaucoup ont cherché à le voir sans jamais y parvenir. C'est qu'il donne aussi ses séances dans le genre de Marco, dont il vient d'être parlé; pas d'annonces, pas d'affiches, le hasard seul peut vous le faire rencontrer dans l'exercice de ses étonnantes fonctions.

Lorsqu'il daigne « travailler », Moreau commence sérieusement sa journée vers onze heures ou minuit. Il entre dans un des grands cafés du boulevard, de ceux principalement fréquentés par le *high life* ou par le monde où on ne s'ennuie pas. Avec son air bonasse et son allure de compagnon en promenade, il a bien vite analysé et choisi ses têtes. Il s'asseoit en silence, le plus près de ceux sur lesquels il a jeté son dévolu, demande un bock et attend patiemment le moment psychologique, qu'il sait toujours admirablement provoquer lorsqu'il se fait trop attendre.

Alors, tout à coup, sans que l'on sache d'où cela vient, il a un jeu de cartes entre les mains et vous en a déjà fait prendre une. Dès ce moment, il vous tient; vous êtes sous le charme. On s'approche, on l'entoure. Plus il va, plus l'intérêt grandit et arrive progressivement au plus haut point lorsqu'il entame ses fantastiques parties de piquet et d'écarté. Il quitte enfin la société avec une somme évidemment variable mais toujours sérieuse et va se mettre en quête d'une nouvelle aventure.

Malheureusement pour lui, Moreau apprécie fort les charmes du *dolce far niente*. S'il était plus actif et plus intéressé, Moreau pourrait gagner les appointements d'un ténor d'Opéra ; il se contente en moyenne de ceux d'un député, je parierai plutôt pour plus que pour moins. Lorsqu'il se trouve à la tête de douze ou quinze louis, il se repose jusqu'à ce qu'il en ait vu la fin, ce qui n'est jamais bien long.

Il a des originalités personnelles. Je l'ai vu, une fois, me montrer qu'il n'avait plus qu'un sou pour toute fortune. Que fit-il ? il donna ce sou à un pauvre pour éprouver tout simplement la satisfaction d'être littéralement sans le sou. Une heure après, il était à la tête d'un louis, il allait souper chez Bignon, donnait cent sous au garçon et sortait de là avec quatre-vingts francs dans sa poche.

Comme homme, le meilleur et le plus brave garçon du monde, toujours prêt à secourir les camarades dans l'embarras qu'il rencontrait l'été en voyage. Sans instruction comme sans éducation, il sait se montrer toujours convenable, il n'a ni le langage ni les allures ordinaires de la plupart de ceux qui font un métier plus ou moins analogue. Il s'est fait lui-même ce qu'il est et, soit par goût, soit par tempérament ou intuition, il est arrivé à des résultats inouïs. Il a, dans son travail, des finesses de diplomate et dans la vie privée des naïvetés d'enfant.

Il passe généralement une partie de l'hiver à Paris et l'autre à Nice. L'été, c'est aux villes d'eaux, où il opère dans les salons d'hôtels ou dans les restaurations, menant, à peu de chose près, la même vie que sa riche clientèle, car il a le goût inné des distractions luxueuses, sachant se procurer tous les plaisirs et satisfaire tous ses caprices.

Moreau a lu cette page qui le concerne alors qu'elle n'était encore que manuscrite. Sa naïve satisfaction faisait plaisir à voir. L'amitié très vive qu'il avait pour moi en fut encore augmentée, et, bien que d'une modestie plutôt exagérée, il était fier de ces quelques lignes inspirées autant par l'excellence de sa nature, que par mon admiration pour son talent.

Cette page qui le concerne, ayant été lue telle quelle par lui, je n'ai voulu rien y changer, c'est pourquoi le récit est au présent alors qu'il devrait être au passé, car, hélas ! Moreau n'est plus. La grande et sombre Escamoteuse, sans pitié, nous l'a enlevé ; nous ne le verrons plus !

Adieu, Moreau, brave et excellent camarade !

Adieu, Moreau, grand maître ès prestidigitation !

Après ces diverses critiques, et ces différents

hommages, je prie certains de mes collègues qui pourraient s'étonner de ne pas se voir plus longuement et plus personnellement cités, de vouloir bien excuser cette lacune que j'ai volontairement négligé de combler. Qu'ils ne voient pas là une sorte de brevet d'insuffisance; j'ai eu, pour faire ainsi, d'autres raisons que je crois bonnes et que j'ai, d'ailleurs, précédemment exposées. Quant à certains autres, dont je ne parle pas davantage, ils ne pourront que me savoir gré de ma discrétion.

VIII

MAGNÉTISME

La foi. — George Sand. — Phénomènes naturels. — Une définition indéfinie. — Le fluide magnétique. — Explication d'un professeur. — Tous magnétiseurs. — Observations. — Montesquieu et Beaumarchais.

Quantité de prestidigitateurs s'étant subitement reconnus aptes à donner des séances de magnétisme ou d'hypnotisme, ce qui ne constitue pas une grosse différence, il me paraît opportun de parler un peu de ce mystérieux sujet, objet de tant de controverses.

L'encre a déjà coulé à flots sans que la question soit plus avancée qu'au premier jour, et, en dépit des tentatives les plus récentes et les plus osées, il est possible qu'elle ne le soit pas beaucoup plus.

La masse des croyants est certainement considérable. Chez eux, la foi est généralement bien enracinée, et il serait peut-être téméraire de supposer que les observations de quelques natures méfiantes soient jamais capables d'ébranler cette foi.

Là où le merveilleux joue un rôle, il y a de suite affluence de croyants, et je ne me dissimule pas que celui qui veut chercher à remonter ce courant, risque fort de se voir comparer à une sorte de Don Quichotte qui part en guerre contre les moulins à vent de la crédulité publique ou privée.

Il est des sentiments qu'on n'attaque pas impunément. La foi est de ce nombre, surtout lorsque le merveilleux s'en mêle, et c'est le cas dans le magnétisme. On croit aux miracles ou on n'y croit pas. Il est difficile de raisonner avec ceux qui croient.

George Sand a dit que, dans cette croyance aux choses surnaturelles, « il se forme un travail d'imagination qui excite le cœur et paralyse le raisonnement. »

Il est certain que tout être, dont le raisonnement est ainsi paralysé, est plutôt à plaindre.

La foi n'est pas une chose essentiellement religieuse. A quelqu'objet qu'elle s'applique, il est entendu qu'elle doit toujours être respectable ; et, de fait, si nous voulons qu'on respecte notre foi, commençons par respecter celle des autres. C'est logique autant qu'élémentaire.

Vous croyez au magnétisme ? C'est parfait ! Si

je ne fais pas comme vous, cela ne veut pas dire que mon raisonnement soit moins paralysé que le vôtre; il l'est d'une façon différente, voilà tout.

Je ne suis pas, pour cela, plus malin que vous et vous ne l'êtes pas moins que moi. Le plus malin, dans ce cas, serait celui qui, preuves en mains, pourrait nous faire connaître celui des deux qui a raison.

Quant à moi, je ne demande qu'à être éclairé sur cette foi que je voudrais posséder. Je la voudrais complète et surtout moins discutable; car, enfin, voilà plus d'un siècle que l'existence du magnétisme est discutée. On m'accordera, je pense, que cette incertitude n'est pas en faveur de son évidence. Les choses qui sont évidentes n'ont pas besoin d'être discutées, comme dirait M. de la Palisse.

Je ne demande pas mieux que d'admettre l'existence du magnétisme, à condition, toutefois, que cette existence me soit clairement démontrée. Il est certain qu'il y a dans la nature des phénomènes bien mystérieux, et, à ce point de vue, le magnétisme ne me paraît pas plus mystérieux qu'une foule d'autres phénomènes. En somme je ne cherche pas à passer pour un esprit fort, je désire seulement comprendre et m'instruire. Je ne suis donc pas exclusif. J'accorde que cet agent si plein de mystères existe peut-être à l'état naturel, latent et indéfini, surtout indéfini.

Je reconnais que lorsque le serpent fascine sa proie, on peut voir là une sorte de manifestation magnétique. J'admets, au besoin, que des sujets soient endormis par certaines personnes à l'aide de moyens qui impliquent une sorte de fascination. Je veux bien croire encore qu'on a vu des gens se trouver d'eux-mêmes sous l'influence d'un sommeil somnambulique et se livrer, dans cet état, à des opérations qui n'avaient, au fond, rien de bien extraordinaire. Tout cela ne s'écarte pas démesurément d'un ordre naturel et n'a rien qui puisse sérieusement éveiller ma défiance. Mais, de là à deviner la pensée des spectateurs, à retrouver les objets perdus, à guérir les maladies ou à prédire l'avenir, il y a un écart sensible !

Je sais qu'il est très difficile de réprimer les écarts, mais on peut toujours essayer.

En principe et par expérience, je crois difficilement à tout ce qui a la prétention de paraître surnaturel, ou, pour mieux dire, je n'y crois pas du tout. Avoir de telles croyances me semblerait offenser la nature, à laquelle je suis heureux de croire, non seulement parce que son existence est manifeste, mais simplement parce que, malgré ses imperfections ou, du moins, ce qui nous semble tel, c'est encore ce que nous avons de plus admirable. Je plains celui qui ne croit à rien. C'est un être incomplet ou malheureux. Je m'incline avec vénération devant une fleur, une plume d'oiseau ou un simple brin d'herbe. Mais je me révolte contre les farceurs qui s'emparent d'un objet inventé de toutes pièces par un illuminé et qui, parce qu'il se trouve avoir des allures à la fois scientifiques et mystérieuses, veulent s'en servir dans le but de nous faire prendre d'obscures vessies pour de lumineuses lanternes.

En résumé, ce que je combats dans le magnétisme, en outre de son existence propre, qui ne m'est pas suffisamment démontrée, c'est surtout les nombreuses supercheries dont il est l'objet et les audacieuses spéculations auxquelles il donne lieu.

Je ne m'illusionne pas sur le sort réservé à mes objurgations; je sais que je ne convaincrai pas tout le monde. Il a été fait de plus importantes tentatives et, pour changer, la situation reste toujours la même.

La sottise a malheureusement plus d'empire que l'intelligence, en ce sens qu'elle est beaucoup plus répandue. Les plus fameux philosophes ont exposé sur ce point de trop belles vérités pour que j'ose y rien ajouter.

Et maintenant, cherchons un peu à nous instruire.

Qu'est-ce que le magnétisme?

Si j'ouvre un dictionnaire sérieux : Larousse, par exemple, j'y trouve cette définition :

« Magnétisme : s. m. Influence vraie ou sup-
« posée qu'un homme peut exercer sur un autre
« au moyen de mouvements appelés « passes ».

J'avoue que nous sommes imparfaitement renseignés : l'influence est « vraie ou supposée »; on peut choisir, il y en a pour tous les goûts.

On remarque néanmoins que les savants rédacteurs de ces sortes de livres se gardent bien d'affirmer scientifiquement l'existence du magnétisme. Ils disent que : « la doctrine de Mesmer
« n'a pas encore pu prendre sa place dans la
« science. Cependant, il paraîtrait que tout
« n'était pas imaginaire dans la découverte de
« Mesmer. Mais, comme les phénomènes ma-
« gnétiques se prêtent facilement au merveilleux,
« ils ont été le plus souvent défigurés par la su-
« perstition ou exploités par le charlatanisme. »

Nous commençons à nous entendre.

Voyons maintenant une définition émanant d'une source moins officielle, mais ayant un cachet plus pédagogique et plus professionnel, sans être pour cela beaucoup plus explicite :

« Le magnétisme est la science des phéno-
« mènes produits par l'influence d'un corps or-
« ganisé sur un autre; le moyen de cette action

« dit fluide magnétique ou agent, est une force
« physique, brutale, que toute organisation re-
« cèle et que tout être peut produire ou émettre.

« Lorsque, par des moyens particuliers, on
« parvient à localiser cette force dans les organes
« d'une personne sensible, on y développe une
« série de phénomènes merveilleux. »

Voilà comment s'exprime le *Manuel du parfait Magnétiseur*, car il y a le manuel du parfait magnétiseur, comme il y a le manuel du parfait jardinier ou de la parfaite cuisinière. Il y a ainsi quantité de manuels destinés à vous rendre parfaits dans la branche que vous choisissez, et l'on dit que la perfection n'est pas de ce monde ! C'est de la calomnie pure. Achetez le manuel du parfait n'importe quoi. Prenez surtout le *Manuel du parfait Magnétiseur*, et si vous y trouvez quelque chose de précis, venez nous le dire, vous nous rendrez grand service.

Vraiment, après une explication comme celle qui précède, on peut s'écrier avec Sganarelle :
« Et voilà pourquoi votre fille est muette! »

Et, d'abord, que nous dit cette excellente explication : « Le magnétisme est la science des phé-
« nomènes produits par l'influence d'un corps
« organisé sur un autre ? »

Ne nous attardons pas à rechercher si le magnétisme est une science. Nous perdrions, dans cette recherche, le peu de latin que nous n'avons jamais su. Constatons seulement que cette susdite science prétend être celle des phénomènes produits par l'influence d'un corps organisé sur un autre. Sur un autre également organisé alors, mais organisé cependant d'une façon différente, dans un sens absolument contraire, afin qu'il y ait activité d'un côté et passivité de l'autre. Positif et négatif, en un mot, pour qu'une harmonie puisse naître de ce contraste !

Je ne cherche pas ici à ergoter, mais seulement à me rendre compte. Je ne nie pas, j'étudie.

Continuons la citation : « Le moyen de cette « action, dit fluide magnétique ou agent. » Ah ! ah ! nous y voilà, tout s'explique. Tout ça c'est des histoires de fluide magnétique.

Ainsi, quand je vois une dame deviner la carte à jouer qu'un monsieur vient de prendre ; quand je vois cette dame se livrer à des manifestations psychiques d'un ordre tout à fait élevé, consistant à chanter des refrains d'opérette, à faire des grimaces ou des équilibres, à éprouver en public les effets d'un médicament dont on s'abreuve plus habituellement en secret... il faut voir là le fluide magnétique ! Allons donc !

Le fluide magnétique explique tout, seulement rien n'explique le fluide magnétique. Personne n'en a jamais vu ni touché ; on n'en connaît ni l'odeur, ni la saveur, ni la couleur, ni la densité. Personne enfin ne sait ce que c'est, ni moi non plus, ni vous non plus, ni les magnétiseurs non plus. A part ça, tout va bien, et c'est justement parce que personne n'y connaît rien, que tout le monde en parle avec des airs entendus. Chacun a son petit fait à citer et le raconte avec une assurance que vous auriez peine à lui enlever.

A ces obstinés croyants celui qui vient aujourd'hui exposer que le magnétisme pourrait bien n'être qu'une jonglerie et une superstition, s'expose fort à se faire conspuer et à se faire considérer, par quantité de gens, d'ailleurs fort honorables, comme une sorte d'athée scientifique, ou tout simplement comme un imbécile, qualification qu'on donne d'ordinaire à ceux qui ne pensent pas comme vous!

J'ai la modeste prétention de ne pas tenir beaucoup à passer pour un imbécile auprès des gens honorables, ni même auprès des autres. Je répète donc que je ne nie pas le magnétisme, par cette excellente raison que je ne sais pas du tout ce que c'est, n'ayant encore trouvé ni un livre, ni une personne capable de m'en donner une explication qui tienne debout. J'ai peut-être l'entendement rebelle. Quand je vois tant de gens parler couramment de ce phénomène, j'envie leur facilité de compréhension. Je ne voudrais pas avoir l'air plus bête qu'un autre, c'est pourquoi je pioche le sujet.

Un professeur de magnétisme essayait un jour, non pas de me faire comprendre ce qu'est le fluide magnétique, le malheureux ne le comprenait pas lui-même ! Mais, pour me faire comprendre pourquoi je ne comprenais pas, ni lui non plus, il me posa cette question :

— Pouvez-vous m'expliquer le fluide électrique ?

— Non.

— Croyez-vous à l'électricité ?

— Oui.

— Eh bien, alors ! s'écria-t-il, certain de m'avoir victorieusement collé.

Eh bien ! quoi ? Qu'est-ce que cela prouve ? Il est possible que je ne m'explique pas le fluide électrique ; mais j'en perçois au moins les effets probants. Quand je parle dans le téléphone, quand je reçois une secousse électrique ou qu'on m'apporte une dépêche télégraphique, j'ai des résultats certains, visibles, tangibles. Il y a dans la nature bien d'autres mystères que je ne m'explique pas et cependant il me faut les admettre, parce que leur production est évidente. Quant au magnétisme, il ne m'a jamais donné de sérieuses satisfactions ni aucune preuve irréfutable de la réalité de son existence.

Mais, poursuivons notre explication ou plutôt celle du parfait magnétiseur. Donc « ce fluide ma-
« gnétique ou cet agent, est une force physique,
« brutale, que toute organisation recèle et que tout
« être peut produire ou émettre. » Ainsi vous, moi, le grand Turc, mon fruitier ou mon frotteur, tous ceux enfin qui ont l'avantage d'être un être, recèlent cette force. C'est bien possible après tout et, de même que M. Jourdain faisait de la prose sans le savoir, nous sommes tous magnétiseurs sans nous en douter. On pourrait cependant objecter ici que les magnétisés ne possèdent pas cette force, puisqu'ils la subissent. N'insistons pas.

Enfin nous dit encore l'excellent manuel :

« Lorsque, par des moyens particuliers, on
« parvient à localiser cette force dans les organes
« d'une personne sensible, on y développe une
« série de phénomènes merveilleux ! »

Voilà qui est entendu ! Vous prenez une personne sensible (il y en a encore) et, par des « moyens particuliers » vous essayez de localiser cette force dans ses organes. (Voir pour ces « moyens particuliers » les traités *ad hoc*.) Cela fait, vous procédez au développement des phénomènes, que dis-je ? d'une série de phénomènes qui doivent être merveilleux. Mieux vous développerez et plus vous serez magnétiseur. Plus vous serez magnétiseur et plus les phénomènes seront merveilleusement développés ; c'est simple comme bonjour. Il faudrait vraiment n'avoir pas deux liards de fluide sur soi pour se priver du plaisir d'en localiser une partie dans les organes d'une personne sensible.

Et nunc erudimini ! si j'ose m'exprimer ainsi.

On comprend que nous ne parlons pas ici du magnétisme qui, par suite de l'aimantation, a été identifié à l'électricité. Il s'agit, bien entendu, du magnétisme animal, du zoomagnétisme, pour nous servir d'une expression scientifique. Toutefois nous n'avons certes pas la prétention de trancher scientifiquement la question, à cause des difficultés que peut y rencontrer un savant de notre genre. Nous procédons plutôt par empirisme et nous estimons que ce moyen n'est pas sans valeur. Si belles que soient les théories, elles ne vaudront jamais l'expérience que donne la pratique.

D'ailleurs, au point de vue de la doctrine et de la théorie, le magnétisme en a plus de mille, ce qui équivaut à n'en avoir aucune. Très riche en miracles, il ne possède pas un seul fait authentiquement et dûment reconnu par la science moderne.

Dussions-nous passer pour excessif, nous soutenons que, non seulement il n'y a rien, mais encore que les singulières théories de Mesmer, Puységur, Dupotet et autres sont complètement dénuées de fondement. Leur simple examen prouve jusqu'à l'évidence qu'il ne peut rien y avoir, ni fluide animal, ni somnambulisme artificiel, pas plus qu'il n'existe de magie et de sorcellerie. Toutes ces prétendues sciences ne possèdent, en réalité, aucun fait scientifique, et, quant à force de retenue, de gêne et de contrainte, on parvient à provoquer la somnolence chez un malade ou chez un sujet qu'on a longtemps fatigué (phénomène qui ne s'obtient jamais chez une personne bien portante et dont les sens sont reposés), ce sommeil n'est que le sommeil ordinaire.

Il existe des tours de compères; mais, en dehors de ces supercheries, il ne peut exister entre l'endormeur et son sujet d'autres relations que celles ordinaires de la vie. Là où commence le magnétisme commence le charlatanisme. Les phénomènes, qu'on a pu observer dans certaines circonstances anormales, résultent surtout des effets de l'imagination et ne constituent aucune donnée scientifique.

Malgré la remarquable insuffisance de nos connaissances physiologiques, il nous semble pourtant que les fonctions de l'organisme humain sont peu favorables à l'éclosion de semblables mystères. C'est déjà bien assez que certains êtres exercent sur d'autres une influence qu'on ne peut nier, mais qui se produit en somme par des moyens ne s'écartant pas de l'ordre naturel.

Si, comme les magnétiseurs le prétendent, les sujets se trouvaient sous leur entière domination, si la relation d'esprit s'établissait réellement, quel miracle alors! Que deviendrait l'inviolabilité de la pensée? Quelle terrible puissance entre des mains perverses! Ce serait tout simplement épouvantable.

Nous n'engloberons pas tous les magnétiseurs sous la même dénomination de charlatan. Il en est de convaincus et de sincères; ceux-là sont alors plus ou moins atteints d'hallucination. C'est une maladie mentale, très commune parmi ceux qui, sans réfléchir, s'occupent trop vivement de magnétisme animal; ils sont souvent dupes de leurs propres illusions.

Il y a eu et il y a encore, parmi les adeptes, de hautes personnalités, des hommes qui, par leur situation, leur profession et leur instruction, sembleraient être à l'abri de telles aberrations. Cependant ils sont tout acquis au magnétisme et se livrent dévotement à ses pratiques. C'est triste, et ce simple fait nous rappelle le mot de Montesquieu : « Dieu en les créant n'a point garanti les cervelles humaines! » Quelle vérité!

D'autre part, Beaumarchais a dit : « Que les gens d'esprit sont bêtes ! »

Heureusement ou malheureusement, au choix, je ne suis un ni Montesquieu ni un Beaumarchais. Je ne me permettrai jamais de dire des choses semblables; je me contente de les penser!

Que le vulgaire, que les gens sans instruction se laissent prendre à ces apparences; qu'on puisse leur en imposer avec ces productions mystérieuses, cela peut encore s'admettre. Mais que des hommes de grande valeur, comme par exemple le P. Lacordaire et Alexandre Dumas, pour ne citer que ceux-là, puissent croire au magnétisme et affirment publiquement leur foi, voilà ce qui paraît moins admissible. En telle occurrence, nous devons reconnaître, comme l'a dit une autre célébrité, dont le nom m'échappe, que : « Dans le cerveau de tout homme de génie, il y a un petit coin réservé à la folie. »

Mais des observations et des appréciations personnelles ne peuvent guère convaincre que ceux qui sont, pour ainsi dire, convaincus d'avance. Elles sont de faible et même de nulle valeur auprès des récalcitrants.

N'importe, nous continuerons, dans la mesure de nos moyens, à nous mettre à la poursuite de la vérité; nous chercherons à séparer le naturel du surnaturel, le rationnel du merveilleux, le bon sens de l'absurde, et les révélations suivantes démontreront, sans prétention aucune, que nous avons, pour ce genre d'études, une certaine compétence.

IX

MAGNÉTISME (suite)

Il y a cent ans. — Une commission officielle. — Les petits flacons du docteur. — Question d'étiquette. — Procédé économique. — Un défi. — Le modèle du genre. — Un aveu. — Relation à l'appui. — L'œil de la science.

Chaque nouvelle comparution du magnétisme devant un aréopage sérieusement scientifique a eu pour conséquence d'en démontrer l'inanité. Jamais il n'a pu parvenir à se faire reconnaître officiellement.

Il est intéressant de voir qu'à plus de cent ans de distance, le résultat est le même en ce qui concerne cette officielle consécration.

En 1784, l'ardeur des discussions auxquelles donnait incessamment lieu le magnétisme animal, détermina le gouvernement à nommer une commission chargée d'examiner la question et de lui apporter un compte rendu de ses recherches.

Cette commission fut composée de cinq membres de l'Académie des sciences : Franklin, Leroy, de Borie, Bailly et Lavoisier, et de quatre médecins de la Faculté de Paris. Bailly fut chargé de la rédaction du rapport.

Ces commissaires, après avoir été témoins de divers phénomènes; après s'être soumis *eux-mêmes* à l'influence du magnétisme; après avoir enfin expérimenté méthodiquement sur des personnes de tout âge, de tout sexe et de toute condition, conclurent : *Primo*, qu'il n'existait aucun agent particulier, susceptible de mériter le nom de fluide magnétique ; *secundo*, que tous les résultats obtenus étaient simplement la conséquence naturelle de l'imagination frappée. En effet, d'après leurs expériences, on avait obtenu, d'une part, les effets magnétiques sans magnétisme, pourvu que les malades crussent qu'ils étaient magnétisés ; d'autre part, ces effets n'avaient pas eu lieu, lorsqu'on avait magnétisé des malades sans qu'ils s'en doutassent ; *tertio*, que les crises produites par les expériences pouvaient être très dangereuses et jamais utiles.

Je crois inutile d'ajouter que j'ai puisé ces renseignements ailleurs que dans mon imagination. Leur authenticité ne peut faire aucun doute. On reconnaitra que les membres de cette commission et, particulièrement, Franklin et Lavoisier les plus universellement connus, étaient, au point de vue scientifique, des hommes de quelque valeur. Ils avaient déjà rendu à l'humanité d'autres services que ceux de certaines sommités modernes, dont l'unique ambition est de se faire beaucoup de réclame, en asticotant un tas de toquées dans un but dont l'utilité reste à démontrer.

Aujourd'hui c'est surtout dans les hôpitaux que les médecins se livrent à de sérieuses études et font de curieuses expériences sur cette matière. Là, surtout, on trouve des sujets disposés. Leur état pathologique se prête merveilleusement au développement des fameux phénomènes; mais, malgré tous ces laborieux efforts, la science officielle ne paraît toujours pas disposée à favoriser ces tentatives.

En 1888, au mois de juillet, le docteur Luys présentait à l'Académie de médecine une femme qui, entres autres particularités, offrait celle de ressentir les effets de médicaments enfermés dans des flacons, avec lesquels on la mettait simplement en contact. Le médicament était-il purgatif, excitant ou stupéfiant, vomitif ou hilarant? Le sujet éprouvait positivement les mêmes effets qui eussent été produits par l'absorption de ces mêmes médicaments.

C'était une heureuse découverte. Il est certain qu'en cas de réussite constante, il y avait là un grand pas de fait au point de vue économique;

Le même flacon d'huile de ricin aurait pu servir éternellement à purger tous les malades d'un hôpital !

Malheureusement, cette innovation médicale parut à MM. les docteurs Dujardin-Beaumetz et Brouardel, membres de la commission d'examen, peu conforme aux usages thérapeutiques courants. Ils trouvèrent original, mais surtout surprenant que le simple contact d'un produit, si hilarant qu'il fût, puisse avoir pour résultat de faire chanter à la malade des refrains de la *Mascotte*. Habitués à voir les médicaments produire de moins facétieux effets, ils eurent l'indiscrétion de vouloir se rendre un compte exact des phénomènes qu'on venait de développer devant eux.

Ils trouvèrent un peu... enfantin que le docteur Luys, un flacon à la main, vînt, en présence du sujet, faire à haute voix l'annonce du contenu de ce flacon. Le sujet, sachant dès lors de quoi il retournait, produisait ou imitait facilement l'effet attendu.

Aux flacons employés et portant sur étiquette le nom du contenu, ils substituèrent des flacons conditionnés de telle sorte, qu'eux seuls pouvaient connaître le nom du médicament, à l'aide d'un chiffre répertorié d'autre part.

Ces flacons ainsi modifiés furent remis au docteur Luys qui, ne sachant alors ce qu'ils contenaient, n'obtint plus des phénomènes aussi nettement développés. Le sujet commettait constamment de fâcheuses erreurs : un purgatif provoquait le sommeil alors qu'un stupéfiant devenait purgatif; un malencontreux flacon d'eau distillée produisit même des effets inattendus!... En un mot, et comme l'a très bien dit à cette séance le docteur Dujardin-Beaumetz, un manche de porte-plume aurait parfaitement pu remplacer les petits flacons!

Franchement, et sans parti pris, je cherche quel peut bien être le but de ces études fantaisistes, où en est le côté vraiment utile et avantageux. Je ne le distingue pas; peut-être existe-t-il réellement, mais vrai, je serais bien curieux de le connaître ou même simplement de l'entrevoir.

Certes, je ne ferai pas à ce docteur l'injure de douter de sa bonne foi. Mais je n'aurai pas la même réserve relativement à son sujet qui, indépendamment des petits avantages qu'elle retirait de cet état, se trouvait, par sa maladie même, facilement portée à la simulation. Je dirai plus, je ne serais pas du tout étonné que le docteur fût sa dupe! J'ai vu plus fort que ça, et ce n'est pas encore avec de telles expériences qu'on parviendra à décrocher la timbale de la consécration officielle.

Autre fait, très corrélatif. Exactement à la même époque, un magnétiseur d'un autre genre, également docteur, paraît-il, du moins sur l'affiche, donnait, au théâtre Déjazet, des séances publiques de magnétisme. Parmi ses expériences, d'ailleurs fort intéressantes, il présentait, précisément, celle de l'action des médicaments. Seulement, au lieu d'une série de petits flacons, c'était une clef, une simple clef empruntée à un spectateur. Placée dans la main du sujet, cette clef produisait les effets voulus, demandés par n'importe qui, à voix basse, au magnétiseur placé à plus de vingt mètres de son sujet et ne lui parlant pas! Il n'y avait ni erreur ni hésitation. C'était, il faut le reconnaître, beaucoup plus fort. Néanmoins, ce « docteur » ne s'est jamais présenté à l'examen de l'Académie de médecine, et pour cause!

C'est égal, ce procédé est encore plus avantageux que celui du docteur Luys. Pas de médicament et l'effet se produit quand même! Voilà qui serait de nature à porter à la pharmacie un de ces coups dont elle se relèverait difficilement!

En ce qui concerne MM. les docteurs, il faut croire, pour l'honneur de la corporation, que ceux qui s'occupent de magnétisme, le font sérieusement. Malheureusement, leur sincérité même les garantit mal contre certaines exagérations. Ils opèrent, la plupart du temps, sur des sujets physiquement et moralement préparés à subir diverses influences, et, surtout, généralement enclins à la simulation.

On sait, ou, du moins, on prétend avec une apparence de raison, qu'un médecin spécialiste voit tout le monde atteint de la maladie dont il s'occupe spécialement. Ce même sentiment anime celui qui traite du magnétisme et le rend fort disposé à prendre une foule de chimères pour des réalités. Voyez, toute comparaison gardée, les tireuses de cartes : à force de débiter avec tant de volubilité leur stock de prophéties, elles finissent toujours, forcément, par en dire quelques-unes de vraies, ce qui entretient la foi !

De même, à force de tenter des expériences magnétiques, il se produit finalement quelque heureuse coïncidence, dont l'avidité du savant s'empare et à laquelle il donne de suite une grande importance.

Pourtant, un médecin doit savoir, mieux que tout autre, que les fonctions organiques du corps humain, si nettement définies, sont un obstacle insurmontable à toute manifestation surnaturelle et, conséquemment, à toutes les prétentions du magnétisme. N'en déplaise aux plus illustres propagateurs de cette science bizarre, tous ces phénomènes n'en resteront pas moins classés au rang des chimères pures! Et lorsque je dis que des magnétiseurs, médecins ou non, sont parfois dupes de leur propre sujet, je n'invente rien. Je donnerai plus loin, de cette assertion, des preuves que je considère comme indiscutables.

A côté des docteurs qui, se passionnant pour le magnétisme, se livrent à de consciencieuses, mais stériles études, il faut placer ceux qui, moins convaincus, font de cette science (?) une sorte d'amusement. D'autres s'en servent tout simplement pour faire de la réclame autour de leur nom; cela les pose aux yeux de quantité de bonnes gens. Un monsieur qui s'occupe de ces questions n'est pas un monsieur comme tout le monde; il paraît entouré d'une sorte d'auréole spéciale qui n'est pas sans lui procurer quelques bénéfices moraux ou autres!

Je demande bien pardon à MM. les docteurs de la hardiesse de mon langage. Il se peut que ces messieurs soient un peu scandalisés de voir un modeste observateur se permettre de semblables appréciations. Je m'empresse de leur faire savoir que je suis tout prêt à confesser mes torts. Je m'engage à faire publiquement amende honorable et à proclamer que le magnétisme est la plus vraie, la plus utile et la plus admirable des sciences... le jour où, publiquement aussi, l'un d'entre eux nous aura fourni une preuve indéniable, non pas du sommeil, mais de la lucidité magnétique du sujet, et cela, sans lui imposer d'autre théorie que la sienne.

Tant qu'on ne nous aura pas fourni cette preuve, nous continuerons, avec tout le respect dû à ces messieurs, à les considérer comme de simples Donatos, ou comme possesseurs d'une naïveté peu compatible avec les exigences de leur profession. Mais, nous sommes bien tranquille, il ne s'en présentera pas un, nous en sommes absolument certain.

Ce défi s'adresse non seulement aux médecins, mais encore à tous ceux qui font une étude ou une exploitation quelconque du magnétisme. Et pourtant, dans ce débat, nous sommes loin d'avoir tous les atouts dans notre jeu! La constatation de la fraude, si simple en apparence, est cependant pleine de difficultés. Il faut savoir se garantir et lutter contre les tours de passe-passe et le compérage des charlatans. Il n'est pas facile de trouver un professeur qui consente à expérimenter dans des conditions supprimant le compère ou les ficelles. Ces messieurs, je parle ici des exploiteurs de magnétisme et non des médecins, sont très forts sur ce qui fait l'objet de leur exploitation ; ils s'arrogent une supériorité qui en impose aux badauds. Ils savent éblouir par une apparence de raisonnement ressemblant parfois aux boniments des escamoteurs, ils débitent pompeusement des phrases creuses, en se donnant des airs d'initiés et en posant à la façon des mages antiques.

Je citais tout à l'heure Donato, c'est le modèle du genre. On ne joue pas du magnétisme avec plus d'audace et d'habileté; à ce point de vue, il est admirable. Rendons-lui cette justice : c'est un caractère et un tempérament! Ce qu'il fait dans ce genre n'est pas à la portée de tout le monde. Il connaît à fond le cœur humain, et surtout sa faiblesse. Plus il forcera la note, plus il trouvera de gobeurs pour l'admirer. Son idée d'opérer sur les spectateurs était géniale autant que facile à mettre à exécution. Comme fumisterie, c'était sublime!

Mais l'audace et l'originalité dans l'invention ne prouvent rien. L'homme sérieux ne doit pas craindre de provoquer l'examen et de fournir des preuves. C'est là, précisément, ce que cherche toujours à éviter le charlatan, tout en se servant du même langage que le savant. Eh bien, ne vous en déplaise, messieurs les chevaliers du mystère, c'est uniquement en se soumettant à l'expérience que le magnétisme, cet interlope de la science, pourra suivre sa route dans le monde et se faire accepter par la raison.

Dans une question aussi mystérieuse et aussi controversée, on ne saurait se montrer trop rigoureux sur la question de preuves, d'autant plus qu'il s'agit constamment de phénomènes incroyables, toujours en désaccord avec les lois immuables de la nature. Admettons la sincérité de quelques-uns, très bien. Mais n'oublions pas qu'un seul fourbe peut faire des milliers de dupes. C'est un si bon métier que celui de faiseurs de miracles.

Il est si facile de simuler la plupart des phénomènes dits magnétiques! Ceux qui s'y livrent savent y déployer tant de ruses, qu'il n'est pas étonnant de voir un si grand nombre de gens s'y laisser prendre.

« Pour croire aux miracles, dit Voltaire, il ne suffit pas d'avoir vu, car on peut se tromper. »

Le métier d'observateur n'est donc pas à la portée de tout le monde. On n'a pas idée de ce qu'il faut de tact, de finesse, de savoir, de perspicacité, d'adresse, de génie même pour faire un bon observateur.

Est-ce à dire que nous possédions nous-même toutes ces qualités ? Non ; nous n'avons pas cette prétention. Mais, à leur défaut, on peut cependant se trouver dans des conditions suffisamment spéciales pour se sentir autorisé, dans une certaine mesure, à traiter la question. Il suffit, par exemple, d'être « du bâtiment », et c'est précisément notre cas.

Cet aveu nous donnera sans doute un sérieux certificat de compétence, au moins en ce qui concerne la faculté de distinguer le faux magnétisme du vrai, si tant est qu'il en existe un vrai !

Je vois d'ici tout ce que cette révélation renferme de points interrogatifs. Comment ! dira-t-on, voilà un monsieur qui avoue avoir été magnétiseur et il vient nous raconter un tas d'histoires qui tendraient à nous faire croire que le magnétisme est une mauvaise plaisanterie ? Il avoue avoir exercé une profession que maintenant il déprécie ? Il ose se poser en adversaire du magnétisme ? Il « débine le truc » etc., etc... ??

Permettez ! D'abord, je n'ai jamais été magnétiseur, j'ai simplement été magnétisé, ce qui n'est pas tout à fait la même chose. Les fonctions de sujet sont beaucoup plus délicates et demandent d'autres aptitudes que celles de magnétiseur, lesquelles sont à la portée d'à peu près tout le monde. Pour magnétiser, que faut-il ? Un peu d'aplomb et pas mal de bagou. Pour être sujet magnétique, c'est une autre affaire, il faut du talent. Et, en parlant ainsi, j'entends un sujet capable de présenter d'intéressantes expériences. Il ne s'agit pas des pantins à quarante sous le cachet, qui, dans les séances publiques, se livrent aux ridicules contorsions que l'on sait, et mordent dans des pommes de terre en affirmant qu'elles ont un excellent goût de pêche. Voilà des opérations dont le côté scientifique et intéressant m'échappe de la façon la plus complète.

J'ai donc été sujet et, j'ose le dire, bon sujet. J'ai, sur cet état, les meilleures références à fournir. Pendant trois années consécutives, j'ai étonné quantité de populations rurales par ma remarquable lucidité et les merveilleux phénomènes que développait en moi un magnétiseur, qui eut une certaine renommée à une époque très antérieure.

J'ai été la « personne sensible ». Aujourd'hui je le suis moins. Pendant trois ans, j'ai deviné la pensée des spectateurs. Je n'ai pas, il est vrai, éprouvé les désagréables effets de certains médicaments ; mais, ce qui est autrement difficile, j'ai lu, les yeux couverts d'un double bandeau, les différentes phrases que l'on voulait bien écrire. J'ai même lu, à distance, le contenu de livres tenus en mains par les personnes présentes, expérience qui n'avait jamais été faite avant moi et dont je suis l'innovateur. J'ai dessiné, toujours les yeux bandés, les portraits demandés à voix basse à mon magnétiseur placé loin de moi et ne me parlant pas.

J'ai présenté des phénomènes d'insensibilité ! J'ai supporté sans broncher les exhalaisons phosphoriques d'un paquet de cinquante allumettes chimiques que l'on me brûlait sous le nez. J'ai rendu au mieux les différents effets d'attraction et de répulsion à distance, ainsi que ceux de rigidité, à tel point que quatre hommes ne pouvaient faire plier mon bras hypnotisé ! J'ai fourni tous les états cataleptiques partiels ou généraux. J'ai même suspendu en moi les apparences de la vie dans des conditions telles, qu'un médecin, vous entendez bien, un médecin, a constaté publiquement l'arrêt absolu des battements du pouls, et a proclamé que j'étais dans un état complet de catalepsie. Or, je dormais autant que vous en ce moment, à moins, cependant, que cette lecture vous ait produit un effet soporifique sur lequel je n'avais pas compté.

J'ai subi toutes ces expériences quotidiennement, ou à peu de chose près, pendant trois années. Eh bien, franchement, si les théories du magnétisme sont vraies, j'en appelle aux médecins eux-mêmes : existe-t il une organisation humaine capable de résister à un pareil traitement ?

J'étais donc un véritable faux sujet. Cette situation bizarre m'a fourni l'occasion de recueillir des faits véritablement lamentables. Un médecin est venu me demander une consultation pour un de ses malades auprès duquel il perdait son latin. J'ai reçu des lettres de gens me demandant de semblables services pour des parents malades. J'ai même été profondément navré en recevant la visite d'une pauvre mère venant m'implorer pour que je lui dise où était son enfant, volé depuis un an!

J'affirme avoir connu toutes ces misères. Si de pareilles démarches flattaient mon amour-propre d'artiste, elles me portaient à faire de pénibles réflexions.

Inutile de dire que je n'ai jamais voulu me prêter à de semblables combinaisons, malgré les offres réelles qui m'étaient faites. Et si je raconte ces faits, c'est pour mieux faire ressortir que je me crois suffisamment autorisé à parler de simulation magnétique.

A titre de curiosité, et aussi comme preuve de ce que j'avance, je donne ici la copie exacte d'un article paru, en 1873, dans un journal du Havre.

ALCAZAR

Les magnétiseurs

J. BONHEUR ET E. RAYNALY

« Nous sommes au siècle des miracles; hier
« l'Alcazar était lieu de pèlerinage et les pèlerins
« se pressaient dans le temple de la chanson.

« MM. J. Bonheur et E. Raynaly donnaient
« une attrayante séance de magnétisme. Il est
« bien difficile de décrire les choses surnaturelles

« réalisées par eux; elles dépassent les dernières
« limites de l'impossible. Je professe un profond
« respect pour mes lecteurs, mais, dussé-je pas-
« ser pour ridicule aux yeux des sceptiques,
« j'avoue, en toute humilité, que je suis sorti
« émerveillé !

« Au commencement de ce siècle, on s'occupa
« beaucoup de magnétisme; on l'abandonna
« pour les tables tournantes, le spiritisme, le
« davenportisme, en un mot pour des tours
« absurdes, dont chacun, aujourd'hui, connaît
« les ficelles.

« Ici, ce ne sont plus des trucs inventés par le
« charlatanisme; ce sont « des expériences de
« lucidité véritablement scientifiques; » ce qui
« fait que certaines gens y voient une affaire
« d'imitation, d'imagination et de compérage !
« Ce que la foule ne s'explique pas, elle le con-
« teste; c'est ce qui fait que, si le magnétisme a
« beaucoup de partisans, il rencontre encore plus
« de détracteurs. Les faits accomplis sont là, et,
« sans chercher quels liens mystérieux mettent
« en communication si directe, en communion
« si intime, les pensées de MM. Bonheur et
« Raynaly, je me borne à constater l'immense
« et légitime succès qu'ils ont obtenu.

« Quelques passes faites par M. Bonheur, et
« le simple fait d'une impérieuse domination,

« suffisent pour plonger M. Raynaly dans un
« sommeil extatique ayant, au premier coup
« d'œil, toutes les apparences de la catalepsie; et,
« par surcroît de précaution, M. Bonheur lui
« couvre les yeux d'une double feuille de ouate,
« sur laquelle il place encore un épais bandeau.

« Le sujet n'existe plus que par la volonté du
« magnétiseur; son intelligence lui est soumise :
« il semble qu'il n'a plus son libre arbitre et
« cependant il perçoit tout ce qui se passe en lui.

« Si la puissance magnétique de M. Bonheur
« est indomptable, la susceptibilité nerveuse de
« M. Raynaly doit être bien grande, car il est
« d'une lucidité merveilleuse.

« Son sommeil présente tous les caractères
« du somnambulisme; et ce sommeil étrange,
« cet état bizarre exalte singulièrement ses qua-
« lités internes, le doue d'un nouveau sens.

« Il dort, son intelligence veille et obéit en
« esclave au dominateur qui commande.

« Alors, commencent ces incroyables expé-
« riences qui feraient presque croire que ces mes-
« sieurs sont un peu cousins de Belzébuth.

« On présente à M. Raynaly des papiers, des
« cartes de visites, il les lit spontanément et avec
« une merveilleuse facilité; les écritures mêmes
« étrangères n'ont pas de secret pour lui, qui
« déchiffrait une ordonnance du docteur X...,

« une poésie de Coppée, un article de l'archi-
« Gagne ou un poulet sentimental de quelque
« belle petite, les grimoires enfin les plus indé-
« chiffrables. Il voit dans vos poches, et si vous
« vous mettez en contact avec lui, je ne garantis
« pas que son regard ne sache ce qui se passe
« dans vos consciences.

« Des spectateurs inscrivent des dates chrono-
« logiques; il les devine, indique le volume, la
« page, la colonne, le paragraphe où le fait se
« trouve consigné, et il en fait la lecture à haute
« voix, pendant que les spectateurs lisent à voix
« basse, en tenant le livre entre leurs mains.

« La transmission de la pensée et du goût ont
« surtout ravi le public et provoqué l'enthou-
« siasme.

« On dit à M. Bonheur — mais tout bas, bien
« bas, — le nom d'un homme illustre, et aussi-
« tôt, obéissant à l'ordre du magnétiseur — sans
« qu'aucune communication ait eu lieu entre
« eux — le sujet se lève et sa main fiévreuse trace
« avec une rapidité et une fidélité frappante de
« ressemblance, la silhouette de l'illustration évo-
« quée.

« M. Raynaly a dessiné, successivement, les
« traits de Garibaldi, du shah de Perse, d'Henri
« Rochefort, de Mirabeau, d'Alexandre Dumas
« père, du général Faidherbe et de M. Thiers, dont

« l'image a été saluée par trois salves formidables
« de bravos et les acclamations chaleureuses de
« toute la salle.

« La transmission du goût a vivement frappé
« le public. On apporte deux verres d'eau, l'un
« pour M. Raynaly, l'autre pour un spectateur.
« Il suffit alors que celui-ci pense à une liqueur;
« par l'effet d'une inexplicable sympathie, le sujet
« trempant les lèvres dans son verre, ressent ce
« qu'éprouvent ceux qu'on met en rapport avec
« lui et nomme la liqueur demandée.

« Maintenant, comment expliquer ces prodi-
« gieux phénomènes?

« La science reconnaît la présence d'un fluide
« subtil spécial aux êtres animés et identique au
« fluide nerveux. La volonté dirige, seule, le
« fluide nerveux vers nos organes, pour les faire
« mouvoir; donc, — affirment les magnétiseurs,
« — elle a assez de puissance pour chasser ce fluide
« en dehors, le concentrer, lui donner une direc-
« tion et en pénétrer, en saturer, pour ainsi dire,
« un autre être. Pourquoi nier alors l'influence
« que la volonté d'un homme peut exercer sur le
« corps d'un autre homme qui devient, à son
« insu, l'écho de la pensée de ceux qui le magné-
« tisent ou sont en rapport avec lui ?

« Que dirais-je encore de MM. Bonheur et
« Raynaly? Les plumes brillantes et autorisées

« d'Alexandre Dumas, Henri de Pène, Timo-
« thée Trimm et bien d'autres encore ont ra-
« conté plus habilement leurs fabuleuses expé-
« riences, qui semblent renverser toutes les lois
« de la physiologie et bouleverser la raison
« humaine. Je constate seulement, pour finir,
« que tout le monde leur a prodigué des bravos
« frénétiques.

« Même les incrédules.

« F. A. STEENACKERS. »

L'auteur de cet article fait aujourd'hui partie de la presse parisienne, en qualité de rédacteur au *Journal*. Je lui laisse la responsabilité des explications qu'il donne dans son avant dernier paragraphe. Nous ne sommes pas, comme on sait, tout à fait d'accord sur cette question de fluide, de volonté, etc. Je n'ai rien voulu changer à cet article, il prouve au moins la sincérité de l'écrivain. Il a été sérieusement « empaumé »; il ne s'en défend, d'ailleurs, pas, et aujourd'hui qu'il sait de quoi il retourne, il avoue spirituellement avoir « coupé dans le pont », mais, s'en console en pensant qu'il est, dans ce cas, en bonne et nombreuse compagnie. Je possède, en effet, un important stock d'articles de ce genre.

Et maintenant, en révélant aujourd'hui que ces « merveilleux phénomènes », tout curieux et tout intéressants qu'ils étaient, ne résultaient néanmoins que des manœuvres d'un magnétisme de contrebande, je ressemble peut-être, toute comparaison gardée, au fier Sicambre, brûlant aujourd'hui ce qu'il avait jadis adoré.

Mais la vérité avant tout; telle est, et telle était déjà ma devise. N'ai-je pas eu, en effet, même en ces temps, la pensée de vouloir annoncer que ce que je faisais n'était qu'une imitation du magnétisme. On voit que ma manière de voir à cet égard ne date pas d'aujourd'hui. Cette idée fut vivement combattue par mon magnétiseur, qui considérait cet avis comme une grosse faute. Parbleu! Plus de mystérieux, partant plus de succès! Et l'on comprend ce qu'il faut entendre ici par succès.

Ainsi, moi qui confonds volontiers la rhubarbe avec le chiendent, j'ai sciemment trompé des docteurs en médecine; je leur en ai imposé! Ils ont réellement cru que je dormais et que j'étais sous l'influence du fameux fluide. Comment voulez-vous que les masses ne se laissent pas prendre à ces adroites supercheries?

Je sais ce que peuvent objecter les magnétiseurs « sérieux ». Ils diront: « Vous avez été, il est vrai, un habile simulateur, mais, parce que vous avez fait du faux magnétisme, cela ne prouve pas que nous n'en faisons pas du vrai. » Ce raisonnement peut avoir une apparence de logique; mais nous tenons à bien constater qu'ils ont beau faire et beau dire, ils sont absolument incapables de fournir une preuve scientifique, nous ne sortirons jamais de là, et sur ce terrain nous sommes fort.

Ainsi, le magnétisme ne pouvant se résoudre à se placer dans des conditions telles qu'il puisse être observé et étudié d'après les principes de la science expérimentale, est fatalement destiné à rester une science de bohémiens et de bateleurs.

On aura beau nous dire que cent faits négatifs ne détruisent pas un fait positif. Cela peut être vrai, à condition que ce fait positif soit bien prouvé et dûment établi. Or, le magnétisme ne possède rien de semblable. Jamais, il est bon de le répéter, un seul fait positif n'a été authentiquement reconnu et constaté par les corps savants.

En politique, en religion, on peut avoir des préjugés qui vous portent à croire ou à ne pas croire. Il n'en est pas de même pour la science. Il y a là un critérium qui doit conduire à la vérité d'une façon infaillible. Ce critérium, c'est le fait.

Chamfort a dit : « Il y a plusieurs façons de voir ce qu'on regarde. » Mais pour la science il ne peut y avoir qu'une seule façon de regarder et une seule manière de voir. C'est à elle qu'il appartient de juger ; elle seule doit posséder une sérénité imperturbable, elle seule doit avoir la vue claire du fait et la sévère défiance de l'illusion.

Quant à nous, nous ne disposons que des moyens fournis par notre raisonnement personnel et la connaissance que nous avons de la « partie ». Avec ce simple bagage, nous continuerons à défier les plus malins et nous ne cesserons de leur demander des preuves.

En somme, nous songeons plutôt à nous défendre du magnétisme qu'à l'attaquer. Nous ne prendrons pas la peine de divulguer les moyens employés pour produire de telles apparences, moyens qui nous sont pourtant suffisamment connus. Nous ne contesterons pas davantage le talent de quelques-uns, mais seulement l'étiquette dont ils se parent. Ils se disent magnétiseurs, mais s'exposent, le cas échéant, à se faire gratifier d'une appellation moins scientifique.

X

MAGNÉTISME (suite et fin.)

Donato. — Une préface sublime. — Un trop rare phénomène. — La conclusion du docteur Gluye. — Charcot embêté par Donato. — Les séances gratuites. — Illogisme. — Un courageux contradicteur. — Le docteur Festa. — Suggestion mentale. — Une monstruosité.

Au cours d'une telle étude, il est impossible de ne pas dire un mot du grand pontife du magnétisme moderne. Le moment où il fit tant de bruit n'est pas tellement éloigné. Ses exploits sont encore présents dans toutes les mémoires. Je l'ai déjà dit comme je le pense : Donato est admirable ! Il joue de la crédulité publique en véritable virtuose. De l'audace, encore de l'audace et toujours de l'audace, telle est aussi sa fière devise.

Il faut lire la préface qu'il a écrite dans un livre de M. E. Cavailhon, intitulé : la *Fascination magnétique* et qui n'est autre que l'apologie du maître. Avec notre manie de tout éplucher, nous avons pris le plus grand plaisir à analyser, légèrement, non pas ce livre, mais seulement cette préface qui est sublime.

Quel entassement de sophismes! Quelles phrases sonores et savamment composées! Quelle préoccupation surtout de se faire valoir! Quel dédain pour tout ce qui n'est pas lui, pour tout ce qui ne procède pas de « sa méthode »! Comme il traite de charlatans ceux qui font du faux magnétisme (il y en a donc?), alors qu'il opère exactement comme eux!

Et, pour qui sait lire entre les lignes, comme il laisse voir le défaut de la cuirasse, en reconnaissant qu'il ne veut pas se prêter aux expériences exigées par certains incrédules qu'il traite d'ignorants! Il avoue, par exemple, que la vision à distance et à travers les corps opaques est un phénomène qui, pour se produire, demande parfois des heures, des jours, des semaines et même des mois. Il y a bien longtemps que nous l'attendons, ce phénomène, le seul qui serait peut-être probant; mais, hélas! nous l'attendons toujours et Donato aussi.

Le public ne peut pas, ne veut pas, ne doit pas attendre. Il se croit en droit de réclamer la réalisation immédiate des promesses qui lui ont été faites. « C'est pourquoi, dit-il, je crois peu sage d'essayer d'obtenir *coram populo* le « très rare » phénomène de la lucidité. » Donato, mon ami, vous êtes prudent, et pour cause ! Quel dommage que ce phénomène ne puisse se produire, c'est précisément le seul qui pourrait ébranler notre scepticisme.

Mais ce phénomène est très rare ! On peut le croire, puisque c'est Donato lui-même qui nous en fait la confidence. Il est même tellement rare, ce bon phénomène, qu'on ne l'a jamais vu et j'ajoute, de ma propre autorité, qu'on ne le verra jamais !

A l'heure où nous écrivons ces lignes, dit ingénuement Donato : « les sociétés savantes n'ont encore reconnu ni le magnétisme, ni le somnambulisme, ni l'hypnotisme; » précieux aveu sous une plume aussi autorisée.

Il est à remarquer, en effet, qu'aujourd'hui comme jadis, les sociétés savantes y mettent la plus impardonnable mauvaise volonté, et dans le journal *le Temps* du 15 novembre 1888, on peut lire les lignes suivantes :

« L'Académie de Bruxelles est présentement
« saisie par un de ses membres, M. le Dr Bon-
« nelaere, d'une question qui mérite l'attention
« de nos savants.

« Il s'agit du danger que peuvent présenter

« pour la moralité et même pour la santé géné-
« rale, les séances d'hypnotisme réel (?) ou simulé.

« Le Dr Gluye nous communique, à ce pro-
« pos, les considérations qu'il a développées de-
« vant l'Académie de Bruxelles... »

Nous ne fatiguerons pas le lecteur par une citation complète de ce document tout excellent qu'il soit, nous en détachons seulement la fin qui mérite d'être lue avec une certaine attention.

« J'ajouterai, dit le Dr Gluye, que l'hypno-
« tisme n'est sans danger ni pour les malades, ni
« pour les personnes bien portantes auxquelles on
« l'applique. Mais ce danger existe également
« pour l'hypnotiseur dont l'imagination s'exalte
« et dont le jugement est souvent faussé, comme
« le constate Braid. (Facheuse constatation par
« un auteur précisément cité et exalté par
« Donato.) Cela résulte encore de ce fait curieux
« que, dans la patrie de Magendie, le créateur de
« la physiologie expérimentale, des hommes dis-
« tingués discutent sérieusement l'action à dis-
« tance des médicaments chez les hypnotisés.
(A vous, Docteur Luys.)

« Pour moi, conclut M. Gluye, l'hypnotisme
« est un état d'aliénation mentale artificiel
« dans le sens littéral du mot. Je suis donc d'avis
« qu'il faut interdire les séances publiques d'hyp-
« notisme, comme on interdirait l'exhibition des

« aliénés, si quelque spéculateur s'avisait de l'en-
« treprendre pour l'amusement de la foule. »

Voilà qui ne va pas faire plaisir à Donato, surtout de la part d'un compatriote! Le docteur belge n'y va pas de main morte, et on peut dire une fois de plus : c'est du Nord, aujourd'hui, que nous vient la lumière.

Je ne veux pas abuser des citations. J'en ai encore quelques-unes d'indispensables à faire. Mais, si l'on désire connaître l'opinion de MM. de la faculté sur Donato, on peut consulter le *Journal de Médecine de Paris* du 15 décembre 1888.

De son côté, Donato n'est pas toujours tendre pour les docteurs. En parlant du professeur Charcot, il dit textuellement dans sa fameuse préface, page XXXII :

« Cependant, l'éminent professeur de la Sal-
« pêtrière, M. le docteur Charcot, fait de cu-
« rieuses expériences sur les hystériques confiées
« à ses soins. Ces expériences ne diffèrent pres-
« qu'en rien de celles faites jusqu'alors. Néan-
« moins, M. Charcot les déclare et les croit iné-
« dites. Sa seule innovation véritable réside dans
« l'emploi de nouveaux termes, plus barbares et
« moins exacts que les anciens, et dans ses théo-
« ries outrées et inacceptables.

« Les manifestations hystéro-épileptiques ont

« été réglées, par M. Charcot, comme du papier
« à musique, etc., etc. »

Comme on le voit, c'est du débinage en plein !

Et ceci, même page, qui est à méditer sérieusement : « Est-ce parce que les malades de la Sal-
« pêtrière, craignant de mettre leur conduite en
« désaccord avec les théories de leur illustre mé-
« decin, préfèrent conformer leurs crises à ses in-
« génieuses prévisions ? »

Si l'on veut bien porter quelque attention à cette phrase perfide, elle donne bien l'idée, émise plus haut, du médecin dupe de son sujet. Donato, ici, ne dit pas autre chose : il donne à comprendre que M. Charcot n'entend pas grand'chose au magnétisme, et que ses sujets, connaissant ses petites habitudes, se font un véritable plaisir à s'y conformer ! N'insistons pas.

Cependant, ce fameux magnétiseur estime, toujours dans sa préface, que : « C'est grand
« dommage, vraiment, qu'un homme de si haute
« valeur intellectuelle que le docteur Charcot
« veuille se cantonner dans un cercle d'idées
« étroites, et s'obstine à pontifier dans son infail-
« libilité doctrinale, au lieu d'échanger ses vues
« avec d'autres hommes, assurément beaucoup
« moins savants, mais, en revanche, moins im-
« bus de certaines opinions fausses dont les mé-
« decins se nourrissent de génération en généra-

« tion, de certains préjugés enracinés par la force
« de l'éducation et de l'habitude, et qu'il devient
« si difficile d'extirper plus tard. »

On voit, par cette dernière citation, que Donato a fait des tentatives pour échanger ses vues avec le docteur Charcot, et lui élargir ses idées qu'il déclare « étroites ». Il paraît que ça n'a pas pris. Quelle perte au point de vue de la réclame ! Mais le docteur Charcot n'a pas senti la nécessité de faire élargir par Donato le cercle de ses « idées étroites » *Inde iræ !* Il fulmine contre tous ces médecins imbus d'opinions fausses, etc., etc.

Donato, dont une des principales forces consiste à donner de nouveaux noms à de vieilles rengaines, tendrait ainsi, par ce verbiage, à insinuer que le docteur Charcot fait du faux magnétisme, tandis que lui, Donato, en fait du vrai. Parbleu ! Tout cela est vraiment instructif et nous donne une juste idée du toupet de cet audacieux magnétiseur.

Je ne connais pas M. le docteur Charcot ; je n'ai pas à m'occuper de lui ici. Malgré son talent et sa grande réputation, je puis faire mes réserves en ce qui concerne le magnétisme et lui laisser toute la responsabilité de ses expérimentations. Mais aujourd'hui, surtout, que la science vient de faire en sa personne une perte réelle, il serait non seulement inutile, mais encore du plus mauvais goût d'insister. Je constate seulement une chose en sa faveur : c'est qu'à ses séances, il n'était point, que je sache, perçu de droit d'entrée. Or, il n'en est pas de même à celles de Donato et autres « professeurs » *ejusdem farinæ*. Ils ne nous ont pas habitués à un pareil désintéressement. Quand nous les verrons opérer pour le simple amour de l'art, nous pourrons commencer à nous étonner. Jusque-là, malgré les belles phrases de Donato et sa savante préface, nous continuerons à le considérer comme un marchand de magnétisme frelaté. Nous reconnaissons, cependant, qu'il exerce magistralement cette honorable industrie ; mais nous le classons néanmoins au nombre de ceux que nous défions de prouver quelque chose.

Il est vraiment curieux de voir les magnétiseurs genre Donato, et Donato lui-même, présenter précisément une foule d'expériences tout à fait déraisonnables pour démontrer la vérité de leur système et en faire ressortir le côté sérieux. Quelle idée pouvez-vous avoir d'une science dont tous les efforts tendent à vous montrer un être humain ordinairement raisonnable, se conduire comme une brute et n'avoir plus aucune notion du vrai et du bien ! Sans compter les ridicules contorsions auxquelles il se livre : il respire un navet et trouve qu'il sent la violette, un verre d'eau a pour lui le goût de la chartreuse et une pomme de terre crue celui d'une excellente poire !

Où est l'utilité de ces stupides opérations ? Quel avantage peut en retirer l'humanité ? Dans quel but nous montre-t-on comme atteint de folie un être qui est votre semblable, et qui, tout à l'heure, raisonnait comme vous, peut-être mieux ? Admettra-t-on que la simple volonté d'un soi-disant magnétiseur puisse opérer cette abaissante transformation ? Et n'est-ce pas étaler devant nos yeux l'attristant spectacle de la folie, comme le dit si justement le docteur belge cité plus haut ?

Belle science, vraiment, incapable de produire un seul résultat édifiant sur lequel puisse s'arrêter un esprit sérieux. Ce n'est décidément pas encore de sitôt que nous verrons le magnétisme réputé comme ayant une juste valeur.

A titre de curiosité, voici un exemple qui démontre à quel point sont enracinées ces regrettables croyances, et combien il est relativement facile de s'improviser magnétiseur.

En 1882, le « célèbre » Donato donnait ses fameuses séances, suffisamment connues. A l'une d'elles assistait, un soir, M. Carmelli, un prestidigitateur de talent, qui, depuis, fut longtemps attaché comme opérateur au cabinet fantastique du musée Grévin. A la vue des singulières opérations de Donato, M. Carmelli fut animé d'un sentiment que nous ne chercherons pas à analyser. Il est néanmoins constant qu'il éprouva, sans doute, une sorte d'indignation à voir tant de gens qui, à première vue, paraissaient intelligents, s'engouer de semblables jongleries et les accepter comme réelles. Il forma le généreux et hardi projet de reproduire les mêmes expériences, en les donnant pour ce qu'elles étaient réellement, c'est-à-dire en dehors de toute prétention magnétique, pensant ainsi porter au magnétisme un de ces coups habituellement considérés comme funestes. Sans retard, son projet fut mis à exécution.

Ce fut madame Carmelli, parfaitement organisée pour la circonstance, qui remplit le rôle de sujet. Quelques jours suffirent aux deux artistes pour monter le « numéro ». Le spectacle fut annoncé, et les séances eurent lieu d'abord dans la salle de la rue de Lancry, ensuite dans la salle Beethoven, passage de l'Opéra.

Après chaque expérience, M. Carmelli prouvait que le sujet ne dormait absolument pas, et que chaque truc était exécuté par des moyens qui, pour être cachés et incompréhensibles à première vue, n'en étaient pas moins fort naturels.

On a pu remarquer, dans ces sortes d'exhibitions, une expérience qui frappe particulièrement le spectateur naïf, et, le plus souvent, détermine son opinion chancelante en faveur du magnétisme. Nous voulons parler de l'épingle enfoncée dans le bras du sujet, non pas une petite épingle, s'il vous plaît, mais une de ces grandes épingles que les dames mettent à leur chapeau.

Lorsque M. Carmelli traversait ainsi le bras de son sujet, on entendait, et j'ai entendu, des personnes s'écrier : « Ah! cette fois, vous ne direz pas qu'elle ne dort pas. »

— Non, messieurs, je ne dors pas, disait alors tranquillement madame Carmelli. Puis, ouvrant les yeux, elle allait avec son bras transpercé au milieu des spectateurs, conversant avec eux et ne laissant aux plus récalcitrants aucun doute sur son état de veille. Pendant ce temps, M. Carmelli expliquait que cette expérience n'était pas plus miraculeuse que les autres et que la douleur ressentie était presque nulle. Il allait jusqu'à solliciter un spectateur et le priait de vouloir bien se prêter à la même opération. Généralement, l'empressement n'était pas excessif; néanmoins, il s'est plusieurs fois présenté des personnes qui ont subi sans sourciller ce fameux transpercement.

Souvent même, lorsque les « amateurs » se faisaient un peu tirer l'oreille, M. Carmelli, qui a le sang vif, retroussait hardiment sa manche et transperçait lui-même son propre bras. N'ayant alors qu'une main de libre, il n'avait pas la ressource d'agir sur lui avec les mêmes précautions que sur un de ses sujets. Il lui était bien difficile de se pincer les chairs, comme il convient de le faire pour opérer dans de bonnes conditions. Et cependant, il n'hésitait pas à donner la preuve sur lui-même.

Cette opération, convenablement exécutée, n'amène pas l'effusion du sang ; c'est précisément cette circonstance qu'exploitent les magnétiseurs. Ils mettent cette absence d'hémorragie sur le compte de l'état d'insensibilité où se trouve le sujet. Et c'est pour démontrer l'absurdité de cette assertion que M. Carmelli opérait sur des personnes éveillées, et au besoin sur lui-même, sans que pour cela le sang coulât davantage.

Eh bien, les croyances sont si bien enracinées que, malgré ces révélations publiques, le magnétisme a toujours de nombreux et fervents adeptes. Quel que soit le résultat acquis, j'estime qu'il y a lieu de rendre hommage à la courageuse et loyale tentative de M. Carmelli.

Il est certain que, depuis cette aventure, M. Carmelli ne doit pas être dans les petits papiers de M. Donato. Je cours grand risque de ne pas y figurer non plus. C'est fatal et conforme à l'avis de Beaumarchais : « Ceux qui vivent de la sot-

« tise des autres, détestent ceux qui s'en mo-
« quent. »

Au mois de juillet 1888, nous avons eu à Paris le docteur Festa (encore un docteur), dont nous avons déjà dit un mot. Il donna, d'abord au théâtre Déjazet, puis à la Galerie Vivienne, une série de représentations. Il opérait avec un sujet qui était certainement remarquable : c'est à cette femme que j'ai vu faire l'expérience des fameux médicaments cités plus haut.

Il faut reconnaître que le docteur Festa opérait agréablement, sans pose et un peu à la bonne franquette. Avec son accent étranger, il ne dédaignait pas le mot pour rire. Il avait le bon goût de ne pas présenter la ridicule comédie des expérimentations sur les spectateurs. Ce genre de spectacle, chéri de Donato et d'autres, est bien le comble de la mystification !

Je crois inutile d'ajouter que le magnétisme du docteur Festa était, comme toujours, le magnétisme de fantaisie. Il y a, du reste, à cet égard, un critérium infaillible : chaque fois qu'à propos de magnétisme il y a représentation dans une salle publique, avec perception d'un droit d'entrée, on peut être certain qu'on assistera à une séance de faux magnétisme. Il est possible qu'on puisse être intéressé ; mais le magnétisme est la seule chose qu'on ne verra pas, soyez en certains.

Il faudra se contenter de l'apparence, à moins qu'une foi aveugle ou une aimable naïveté vous fassent prendre ces apparences pour la réalité, ce qui arrive, hélas! dans la majorité des cas. Mais ceux qui, à tort ou à raison, s'occupent sincèrement d'essais magnétiques, n'exigent habituellement aucune rétribution.

On comprend qu'un artiste qui se livre à ce genre de spectacle, ne peut arriver en scène sans un programme sur la réussite duquel il puisse compter. Il ne s'agit pas ici d'essais de laboratoires ni de tâtonnements scientifiques. Le public a payé, il faut que les expériences marchent et qu'on lui montre quelque chose, comme le dit judicieusement Donato. En effet, on lui en fait voir, à ce bon public, de toutes les couleurs et pour son argent!

La presse et le monde savant se sont beaucoup occupés, ces derniers temps, d'une nouvelle variété magnétique, désormais connue sous le nom de *suggestion mentale!* D'après la théorie de ce nouvel échantillon de flibusterie magnétique, l'opérateur peut mentalement ordonner à son sujet d'exécuter, soit à son réveil, soit après un laps de temps déterminé, telle ou telle action qu'il lui aura suggérée pendant son sommeil.

Voilà qui peut mener loin. Déjà, des avocats ont invoqué pour leurs clients le bénéfice de l'irresponsabilité, en insinuant que le crime avait été commis sous l'influence de la suggestion.

Comment des savants, des médecins, des avocats, des journalistes ont-ils pu discuter sérieusement une pareille monstruosité? Qu'on se représente, un instant, la force dont disposerait un individu capable, par suggestion, de faire exécuter à autrui ses propres projets. Qu'on se figure, étant donnée l'imperfection humaine, ce qu'un tel homme, s'il est animé de mauvais sentiments, serait capable de faire. Ce serait un véritable monstre. Il deviendrait un réel et permanent danger pour la société, qui aurait le strict devoir de supprimer un tel personnage si, par impossible, il existait.

On trouve, cependant, beaucoup de gens qui croient à ces sinistres balivernes. Et voilà où nous en sommes au seuil du vingtième siècle, à une époque de scepticisme et de matérialisme, mais aussi de grandes découvertes scientifiques. Par un singulier, mais déplorable contraste, pendant que la science marche avec sûreté dans la voie du progrès et arrache de temps à autre quelques nouveaux secrets à la nature, il nous faut voir la bêtise humaine aller, pour ainsi dire, à reculons et s'enfoncer dans l'absurde.

Nous rions parfois, et avec raison, des superstitions du moyen âge. Nous reconnaissons que ceux qui croyaient jadis aux sorciers étaient des imbéciles. Ceux qui exerçaient l'astrologie ou la sorcellerie nous paraissent aujourd'hui de vulgaires farceurs. Et nous ne sourcillons pas quand on nous parle de fluide magnétique et de suggestion mentale! Comme un tas de badauds que nous sommes, nous admirons, au contraire, les habiles fumistes qui savent si adroitement exploiter ces absurdités.

Vraiment, s'il fallait s'appesantir sur de pareilles faiblesses, on passerait sa vie à s'indigner. Il serait à souhaiter que ceux qui ont l'oreille du public se décident à prendre leur bonne plume de Tolède pour combattre et détruire ces croyances superstitieuses qui, non seulement blessent le sens commun, mais encore influent d'une façon néfaste sur certaines organisations mal équilibrées et constituent un véritable danger public. Car, déjà, ne l'oublions pas, des cas de folie se sont produits, de belles intelligences ont misérablement sombré et se sont éteintes à ce jeu énervant et dangereux.

Il appartient donc aux plus sensés et aux plus en vue d'entreprendre une énergique campagne contre ces tristes et inqualifiables croyances. Ils rendraient certainement un immense service à la société.

Quant à nous, ne serions-nous parvenu qu'à éclairer une douzaine d'égarés, nous nous contenterons de ce mince résultat. Et si nous avons parlé dans le désert, si nous ne sommes parvenu à convaincre personne, si nous n'avons pas réussi à répandre la lumière sur ces mystérieuses ténèbres, ce qui reste à savoir, du moins nous aurons la satisfaction d'avoir fait le possible pour atteindre ce but. Et si, ma foi, nous sommes abandonné de tous, nous n'en continuerons pas moins à persévérer plus que jamais dans nos convictions.

« Et s'il n'en reste qu'un, je serai celui-là ! »

XI

UNE HISTOIRE

Un collègue décoratif. — Un comble. — Mon excellent ami. — Voyez le programme. — Séance privée. — Un sujet improvisé. — Le petit commerce. — Cher Victor Hugo. — Un écueil sérieux. — M. de Thorci. — Félicitations méritées. — Concurrence difficile. — Une dénomination vraie.

Je voudrais ne plus avoir à m'occuper des adeptes du fluide. J'en ai dit assez déjà sur le fond même de la question. Inutile de recommencer. Ce serait, comme correction littéraire, un défaut contre lequel je n'ai peut-être pas toujours su me mettre suffisamment en garde. Si, dans ce chapitre, il est encore question de magnétisme et de magnétiseur, ce sera au point de vue anecdotique et sans aucune espèce d'appréciation technique. Mais il serait fâcheux, vraiment, de priver le lecteur d'une histoire dont le héros, pour n'être pas très connu, n'en est pas moins assez intéressant à étudier.

Quand j'aurai nommé le sieur E. Saldini, il y a peu de personnes auxquelles ce nom dise quelque chose. La façon dont je fis connaissance avec ce personnage et les motifs qui me le firent mettre en observation, sont assez curieux pour mériter d'être racontés.

C'était à une matinée-concert donnée par une société dont le nom et le but ne font rien à l'affaire. En dehors de la partie classique et obligatoire d'un concert vocal et instrumental, on annonçait, sans les préciser, plusieurs genres de divertissements : des artistes amateurs devaient contribuer au « succès » de cette représentation. Je ne vis d'abord et pendant plus d'une heure, rien de bien nouveau ni de bien séduisant, je commençais même à m'ennuyer ferme, lorsqu'enfin un des organisateurs de la fête vint annoncer qu'un amateur allait offrir un intermède de prestidigitation.

Cet obligeant avis n'avait peut-être pas la même portée sur tout le monde, mais il avait particulièrement éveillé ma curiosité ; j'étais à peu près sûr maintenant de trouver là un sérieux élément de distraction !

Comme le chat guette la souris, j'attendais avec impatience l'heureux moment d'assister aux enchantements de ce collègue inespéré, avec la secrète espérance, ou de lui chiper quelque truc, ou, selon le cas, de m'amuser de sa maladresse et de son inexpérience. Car, ô nature humaine! c'est presque toujours là le fond des sentiments qui animent l'âme d'un concurrent dans ces sortes d'occasions, et cela surtout quand on a devant soi un de ses meilleurs amis, ou même simplement un camarade.

Celui-là n'étant pour moi ni l'un ni l'autre, j'étais fort à mon aise pour lâcher la bride à mes perfides instincts que je dissimulais du reste... pour ne pas les laisser voir.

Enfin, le tour de ce mystérieux copain arriva. Son entrée seule fut une stupéfaction! J'ai déjà vu bien des choses, mais jamais pareil spectacle n'avait frappé mes regards éblouis. Qu'on se figure un jeune monsieur de vingt-six à vingt-huit ans, d'une beauté fatale et porteur d'un habit dont le drap disparaissait sous la plus complète collection de décorations qu'on puisse imaginer. Les basques seules de cet habit fantastique étaient indemnes. Le dos aussi. Mais sur le devant, des deux côtés, c'était une prodigieuse constellation de croix et de médailles. Toutes les boutiques du Palais-Royal semblaient s'être donné rendez-vous sur cette poitrine!

Certes, j'avais déjà vu des prestidigitateurs décorés, mais celui-là, décidément, passait la mesure. Je n'exagère pas en évaluant à une quarantaine les croix, insignes, crachats et médailles qui pendaient, brillaient, oscillaient et cliquetaient sur cette idéale devanture.

Je me demandais d'où pouvait bien provenir ce curieux assemblage de distinctions (?) et quels étaient les titres qui avaient pu rendre ce monsieur aussi décoratif. Dès la première expérience, j'étais au moins persuadé que la prestidigitation était étrangère à ce brillant étalage, car sa manière d'opérer, sans être absolument détestable, ne lui aurait jamais valu même un simple accessit. Je n'en étais pas moins très sérieusement surpris; mais je n'étais pas au bout de mes étonnements!

Son petit intermède terminé, le concert reprit de nouveau et, lorsqu'il fut à sa fin, notre homme revint à la charge. S'approchant du président de la Société en question, il lui fit, avec son accent italien, un petit discours relatif. Puis, gravement, il lui accrocha une médaille à la boutonnière et lui remit pompeusement le diplôme afférent. L'excellent président, sans rien comprendre à cette étrange cérémonie, accepta bonnement médaille et diplôme, aux applaudissements des spectateurs qui comprenaient encore moins.

Ceci me parut un comble! Certes, je ne m'étonne pas facilement; mais j'étais absolument renversé et surtout intrigué. Sachant désormais où retrouver mon homme, je me promis de l'observer et de savoir à quel genre de type nous avions affaire.

Je passe sur les moyens employés pour arriver à mon but. Je dirai seulement que très peu de temps après j'allais chez lui et il venait chez moi. La connaissance avait été rapidement faite. Dès la seconde fois que nous fûmes en présence, il me sautait au cou, m'appelant son « plus excellent ami »! J'en conclus que je devais me montrer plus méfiant que jamais, et je sentais qu'avant peu mon porte-monnaie aurait quelque lutte à soutenir!

J'appris d'abord que « mon excellent ami » était non seulement prestidigitateur, mais surtout magnétiseur (toujours ce fréquent cumul). Il m'offrit un magnifique programme au sommet duquel resplendissait une étoile flamboyante centrée d'une sorte de lune soutenue par des nuages.

Dans cette lune, un triangle sur les trois côtés duquel on lisait les noms de Mesmer, Dupotet, d'Amico. Au milieu de ce triangle : un œil! Il paraît que cette imagerie spéciale symbolisait le magnétisme et tout ce qui s'ensuit.

Ce programme, si singulièrement illustré, annonçait les :

SÉANCES SCIENTIFIQUES EXPÉRIMENTALES

DE

Magnétisme, Catalepsie et Lucidité,

Par le Professeur

E. SALDINI

Commandeur de la Croix de fer d'Italie et de Suisse
Membre de la Société magnétique de Turin,
Collaborateur et membre de plusieurs sociétés savantes
de France et de l'étranger.

avec une foule d'*et cœtera!* Parmi l'énumération d'une trentaine de titres relatifs aux expériences, on relève les perles suivantes :

« Démonstration de l'état d'hypnotisme par la fascination du regard (?).

« Passes magnétiques à grands courants! (Il y a donc des petits courants? pour les petites bourses sans doute.)

« Rétablitation (*sic*) de l'état de station (?).

« Dilatation de la pupille oculaire. (Parbleu! nous pensons bien qu'il ne s'agit pas des pupilles le la garde.)

« Opérations chirurgiques (*sic*).

« Raideur et glace de cadavre! (Brou...!)

« Anesthésie... avec un renvoi donnant la folâtre explication suivante : « C'est dans cet état d'anesthésie complète que se trouvent les malheureux frappés de catalepsie, et qui se réveillent après quelques jours dans l'horreur ténébreuse du cercueil, frappant vainement de leurs poings les planches inflexibles de la bière ! »

Il y a de quoi donner la chair de poule à un éléphant !

« M. le professeur Saldini, ajoutait le programme, reçoit tous les jours, après midi, pour les consultations magnétiques. »

Un soir, devant donner chez lui, à titre gracieux, une séance à quelques amis, il m'offrit d'y assister. Le malheureux ne savait pas à qui il s'adressait. Nous acceptâmes son aimable invitation. Je dis « nous », car j'y fus accompagné de mon épouse qui, partageant mes idées sur le magnétisme et même fort heureusement sur beaucoup d'autres questions, forma, de concert avec moi, le malicieux projet d'essayer la puissance magnétique de ce fameux professeur.

La séance commença d'abord avec le concours du « célèbre sujet » madame Saldini. Nous assistons à la série des jongleries habituelles, y compris la fameuse « glace de cadavre » dont on put se rendre un compte très approximatif et qui fut, d'ailleurs, le seul rafraîchissement de la soirée. Ces divers phénomènes provoquèrent plus ou moins l'étonnement et l'admiration des assistants moins prévenus et moins initiés que nous.

Après un repos bien mérité et une conversation générale et animée sur les curieux phénomènes qui venaient d'être développés devant nous, ma femme exprime le désir de ressentir les effets du fluide magnétique; elle prie le professeur de vouloir bien la magnétiser. Les assistants, alléchés par ce spectacle inattendu, font chorus et, bien que sans enthousiasme, Saldini accepte. Refuser eût été, d'ailleurs, impossible et maladroit.

Il installe commodément son sujet dans un fauteuil, puis, au milieu du silence et de l'attention générale, il commence les fameuses passes (à grand courant) destinées à localiser le fluide.

Lorsque le moment lui semble venu, le sujet improvisé commence à donner des signes non équivoques de la puissance du fluide Saldinien. Les paupières battent, son corps s'affaisse légèrement; la tête s'incline doucement vers l'épaule; elle dort! Alors, Saldini s'arrête, pâle, la sueur au front, évidemment stupéfié, et en même temps fort embarrassé d'avoir obtenu un résultat sur lequel il ne comptait que vaguement.

Mais il fallait se rendre à l'évidence, le sujet dormait. Le couple Saldini en était ébahi. N'importe! il fallait payer d'audace, et notre homme n'en manquait pas! Prenant bravement son parti : « Messieurs, dit-il, voici un cas des plus curieux à observer; j'ai rarement vu un sujet doué de plus heureuses dispositions. Le résultat que je viens d'obtenir est une preuve de la puissance de cet agent mystérieux qui s'appelle le fluide magnétique. Cette manifestation est une des plus extraordinaires qu'il m'ait été donné d'observer. Je suis étonné, pour une première épreuve, d'avoir obtenu un résultat aussi satisfaisant! » (Je crois bien!)

Il aurait continué son discours. Mais le sujet, peu sensible à ce genre d'éloquence, commença à donner quelques signes de difficulté dans la respiration. Saldini, que rien ne démonte, affirme qu'il s'attendait à ce résultat, ayant « localisé » trop de fluide sur la poitrine. A tout hasard, il fait quelques passes destinées à enlever ce surcroît fluidique, et la respiration du sujet prend immédiatement des allures plus normales. Puis viennent quelques contractions musculaires réprimées par le même facile procédé. N'osant tenter une autre expérience plus capitale, brusquement, sous l'ingénieux prétexte que, pour une première fois, il ne fallait pas trop fatiguer son sujet, il se met en devoir de procéder au réveil, ce qui, comme on le pense, fut on ne peut plus simple.

Il était temps, car le « sujet » faisait de sérieux

efforts pour ne pas éclater de rire à la face de ce charlatan. Mais il était convenu qu'on ne brusquerait rien, et j'emportai, ce jour-là, un nouveau document à l'appui de mes convictions. Il n'y avait pas à en douter : le magnétiseur était dupe de son sujet, et, j'ajouterai, dupe de lui-même, car il était absolument certain de la réalité du fait.

La conclusion de cette comédie fut, qu'à la première entrevue, il m'offrit, gratuitement, une modeste décoration accompagnée de l'indispensable diplôme que j'ai la joie de posséder encore, mais que j'ai eu la coupable négligence de ne point faire encadrer. Quant à la médaille, j'ai eu la modestie de ne jamais m'en parer, même dans les plus solennelles occasions.

Tel était le jeu de ce rastaquouère. Cet analyste du cœur humain s'adressait indistinctement à tout le monde, sachant bien qu'ils sont rares ceux qui se montrent inaccessibles à ces légères satisfactions de la vanité. Il commençait par faire cadeau d'une petite décoration sans grande importance. Il y avait bien, disait-il, quelques menus frais, mais c'était son affaire, trop heureux de vous offrir cette faible marque de son estime, etc., etc. C'était une entrée en matière. Quelque temps après, il insinuait que votre boutonnière ne pouvait en rester là. Alors, c'étaient des offres diverses : pour quarante francs, vous pouviez avoir un ruban d'un vert éclatant. Pour cent, cinq cents ou mille francs et plus, vous pouviez prétendre aux plus importantes distinctions. Je connais certaines de ses dupes qui ont versé jusqu'à deux mille francs pour des décorations qu'ils n'ont, d'ailleurs, jamais vues !

De quel droit exerçait-il ce singulier commerce ? De qui était-il l'agent ? De quelle ténébreuse officine tirait-il tous ces magnifiques diplômes qu'il me fit voir un jour ? Mystère et ferblanterie ! Je n'ai jamais rien pu savoir à ce sujet, pour l'excellente raison que je ne le lui ai pas demandé, supposant qu'il se serait probablement bien gardé de me le dire. Je n'en étais pas moins fixé sur l'honorabilité del signor Ernesto Saldini de Riosalto, comme il se faisait appeler dans les grands jours.

On n'a pas idée de l'astuce de ce personnage. Je m'amusais à l'examiner de près, et, bien entendu, sans aucun danger pour mes finances ! Avec sa finesse italienne, il eut vite reconnu qu'avec moi il n'y avait « rien à faire ». Mais il était trop diplomate pour le laisser voir. Il me conserva, au contraire, toutes ses bonnes grâces, car je connaissais une grande partie de ceux qu'il était en train d'attirer dans les pernicieux filets de ses rubans. Il craignait peut-être de trouver en moi un obstacle à l'exercice lucratif de son industrie décorative.

J'ai déjà dit qu'il était beau garçon : air fatal; œil et cheveux noirs; moustache irrésistible; cravates inoubliables; langage mielleux et facile, se pliant avec une merveilleuse souplesse aux exigences de la situation. Parlant assez correctement le français, malgré un accent italien, il était surtout audacieux et remarquablement impudent.

Avant d'en finir avec lui, il faut citer l'exemple suivant, qui est d'une rare édification : il prend un jour la résolution d'aller offrir une de ses décorations interlopes à Victor Hugo! Dans ce but, peu banal, il me proposa, ainsi qu'à cinq autres personnes, de former une députation investie de l'honneur d'aller présenter cette distinction au Maître.

La perspective d'aller chez Victor Hugo, de le voir de près, de lui parler, leva tous mes scrupules, et, un beau jour, nous partons pour nous rendre chez l'illustre poète. Saldini, qui avait toutes les audaces et une garde-robe *ad hoc*, avait revêtu, pour la circonstance, un superbe costume d'attaché d'ambassade, tout brodé d'or, chapeau à cornes et à plumes, s. v. p., épée au côté, et, naturellement, l'inévitable constellation composée de toutes les décorations que son magnifique habit pouvait contenir, y compris la cravate de commandeur, etc., etc.

Nous arrivons chez Victor Hugo. Là, Saldini expose le but de notre visite à la personne chargée de nous recevoir ; celle-ci monte prendre des ordres et redescend en nous disant textuellement ces mots : « Messieurs, entrez au salon, Victor Hugo va descendre. »

Nous entrons au salon, et, après quelques minutes d'attente, le maître apparaît, vêtu simplement d'une longue houppelande. Nous nous inclinons en silence, visiblement émus. Seul, Saldini, suffisamment maître de sa personne, débite son speach et remet sa modeste offrande au poète, qui accepte simplement et ne paraît trouver dans cette petite cérémonie rien de bien extraordinaire. Cette minuscule manifestation ne pouvait, d'ailleurs, l'émouvoir beaucoup. Il en avait vu bien d'autres, et autrement importantes. Il accepta facilement la demande qui lui fut faite d'un reçu de sa main, et Saldini emporta un autographe du grand homme. C'était ce qu'il voulait.

Avant de se séparer, Victor Hugo nous adressa quelques paroles que mon émotion, sans doute, me fit trouver un peu nuageuses, dans lesquelles il était question de la France et de l'Italie, de l'Italie et de la France ! Nous aurions bien voulu lui répondre, mais la vérité m'oblige à dire que nous éprouvions un certain embarras à le faire. J'avais cependant, pour mon compte, préparé une de ces allocutions comme on n'en fait plus ! Mais au dernier moment, le courage et la voix me manquèrent simultanément. C'est dommage, car mon « discours » eût été sans doute reproduit par le journal qui, le lendemain, rendit compte de cette solennité, et maintenant mes belles paroles sont, hélas ! perdues pour la postérité. J'avoue que j'étais peut-être le plus embarrassé de tous. Considérant au fond tout cela comme une comédie, je me sentais honteux de jouer un pareil rôle auprès d'un tel personnage.

Enfin, Victor Hugo nous donna à tous une poignée de main et nous prîmes congé de lui en emportant chacun, de cette entrevue, des impressions diverses.

Cette visite et cette poignée de main du plus illustre de nos poètes, sont les seuls bénéfices que j'ai retirés de mes relations avec Saldini. J'estime qu'ils ne sont pas sans valeur.

Quelque temps après je fus en butte aux obsessions de mon « excellent ami » qui voulait absolument me décorer à nouveau, moyennant finances cette fois ! Il s'agissait simplement de se faire rembourser des petits honoraires pour la première distinction dont il m'avait gratifié. Il en fut naturellement pour ses frais. J'en savais assez, trop même, sur son compte et cessai finalement toute relation avec cet individu.

Un peu plus tard, je lus dans un journal qu'il était retourné, dans une soirée, chez Victor Hugo. Là, avec son audace habituelle, il avait donné une séance de magnétisme qui était, d'ailleurs, sévèrement qualifiée par ledit journal.

En présence de cet insuccès et par suite d'aventures diverses, notre homme se décida à quitter Paris. Trois mois plus tard, un autre journal de province me donnait de ses nouvelles. J'appris par cette voie que mon décorateur avait enfin touché contre un écueil sérieux et avait éprouvé des désagréments sur la nature desquels je ne veux pas insister. Vraiment il y a des industries que, décidément, le gouvernement ne protège pas assez.

Finissons-en avec ce personnage, au sujet duquel j'ai certainement atténué plutôt qu'aggravé les détails des bizarres aventures qui le concernent.

Il deviendrait fastidieux de parler de tous ceux qui, avec des succès et des talents divers, ont exercé et exercent encore la profession de magnétiseurs. Ils sont toujours trop nombreux, malgré les difficultés qu'ils éprouvent aujourd'hui à exercer dans quantité d'endroits où le développement des phénomènes magnétiques ne paraît pas répondre à un pressant besoin.

Au beau temps de cette exploitation, quantité de prestidigitateurs se sont subitement reconnus possesseurs d'une somme de fluide qu'ils ont jugée très présentable. Beaucoup d'entre eux ont mis de côté la baguette magique pour se jeter dans les bras de Mesmer. Grand bien leur fasse!

Beaucoup de ces braves garçons, auxquels la science est aussi étrangère que la pratique de l'accordéon à une baleine, ne se gênent pas pour annoncer leurs séances à l'aide de boniments soi-disant scientifiques. Leurs programmes sont agrémentés de titres et d'expressions tellement savantes, que les princes de la science eux-mêmes n'y comprendraient absolument rien.

Parmi ces audacieux adeptes du magnétisme, il en est certainement qui l'exercent avec assez d'habileté. Mais pour ne point faire de jaloux, je n'en citerai aucun. Si je me suis un peu étendu sur le célèbre Donato, et sur le moins connu mais encore plus fantaisiste Saldini, c'est que, à différents titres, ils méritaient certainement une mention spéciale. C'est pour la même raison que, en finissant, je prendrai la liberté de dire deux mots d'un artiste différent, quoique aussi magnétiseur, sur le compte duquel j'aurai fort heureusement à m'exprimer d'une façon plus avantageuse.

Je veux parler de M. de Thorci, que je tiens pour un fort galant homme et très intelligent artiste. Je suis d'autant plus à l'aise pour en parler, qu'il n'a nul besoin d'une réclame qu'il n'est, du reste, pas dans mon intention de lui faire ici, mais il est l'innovateur d'un genre tellement spécial, qu'il est vraiment impossible de ne pas lui consacrer ici quelques lignes.

Pour dater de loin, nos relations n'ont jamais été bien suivies, en raison des nombreux et parfois lointains voyages qu'il fait constamment tant sur l'un que sur l'autre hémisphère.

Chose singulière! Je suis, en quelque sorte, la cause première de son entrée dans la carrière. M. de Thorci m'ayant d'abord succédé en qualité de sujet, lorsque j'ai pu résilier l'engagement qui me liait jadis à mon magnétiseur. Ainsi j'ai eu cet avantage de l'initier aux principes fondamentaux de l'art mystérieux de dormir convenablement en société, et pendant un certain temps il s'acquitta brillamment de cette délicate fonction.

Puis, vint pour lui l'époque du service militaire et certes, mon cher de Thorci, vous n'avez pas oublié l'agréable rencontre que je fis de vous dans votre ville de garnison, et la bonne soirée que nous passâmes ensemble à faire des tours de cartes, car, ne rougissez pas, au contraire, vous êtes aussi un habile prestidigitateur; mais le magnétisme vous attirait et c'est avec une impatience non dissimulée que vous attendiez l'heureux moment d'échanger votre dolman d'artilleur contre l'habit noir du thaumaturge moderne. Vous n'avez pas, j'en suis sûr, oublié cette soirée ; moi non plus.

Le moment de la libération du service vint enfin et, l'élan étant donné, de sujet qu'il était, M. de Thorci se fit magnétiseur. Je ne chercherai pas à le suivre dans ses pérégrinations, d'ailleurs imparfaitement connues et, si je parle de lui, c'est surtout à cause de la façon nouvelle et toute spéciale dont il a fait du magnétisme.

Ceux qui fréquentent les Folies-Bergères doivent se rappeler l'avoir vu dans cet établissement et plus tard à l'Eldorado, se livrant avec son aimable et gracieux sujet à des expériences d'hypnotisme (réel ou simulé, comme disent les dictionnaires) dans des conditions véritablement peu banales, car ils opéraient enfermés dans une immense cage, au milieu de laquelle on avait préalablement installé trois lions !

Certes, j'avoue n'avoir jamais envisagé le magnétisme sous cette forme originale et féline. Voilà au moins un « numéro » à sensation. La concurrence se faisait difficile, il était peu engageant d'imiter un tel exemple. Je crois que Donato lui-même y regarderait à deux fois avant de livrer son importante personne aux caprices de tels collaborateurs! Moi aussi, du reste, si jamais je consens à faire le plus simple des tours dans une cage à lions, ce sera après en avoir, tout d'abord, fait prudemment sortir ceux-ci. Il n'y a là ni truc ni illusion, le danger existe réellement; je n'insiste pas sur l'opportunité d'un tel spectacle. Il n'est pas moins vrai qu'une malheureuse imitatrice de madame de Thorci est sortie un jour de là avec une jambe de moins.

M. de Thorci semble avoir désormais renoncé à ce genre si spécial. Il est, en ce moment, l'heureux et très intelligent présentateur de notre ami Jacques Inaudi, lequel est non seulement le célèbre, unique et merveilleux calculateur mental que l'on sait, mais encore un estimable et charmant camarade, ainsi que nous avons eu maintes fois l'occasion de le constater. Nos faibles louanges n'ajouteront rien au tribut d'admiration universelle dont il est l'objet.

Quant à M. de Thorci, comme homme et comme artiste, nous l'estimons aussi beaucoup. Il possède, sur beaucoup d'autres, l'avantage d'être distingué et de savoir galamment s'exprimer. Sans insister sur la question magnétique, il faut le féliciter sincèrement, ainsi que son sujet, de la hardiesse avec laquelle ils ont, tous deux, exécuté leur courageuse innovation. Il est certain que ceux qui accomplissent de pareils tours de force ne sont pas des artistes ordinaires.

Il y a surtout, dans ce cas, une chose absolument indiscutable : c'est qu'opérant avec des lions, on peut hardiment affirmer qu'ils faisaient du véritable magnétisme animal !

XII

SPIRITISME

L'esprit vengeur. — Appétit scientifique. — Echos du congrès. — Un cas de conscience. — Un médium. — Sérieuse attestation. — Une gaffe scientifique. — Miss Abbott. — Le centre de gravité. — Une force intelligente. — Mon ami X... — L'astrologie.

Enfin! sauf erreur ou omission, voilà mon compte réglé, momentanément, du moins, avec le magnétisme et les magnétiseurs.

Je me sens plus léger et vais profiter de cette bonne disposition pour dire deux mots du spiritisme. C'est là une question avec laquelle il n'y a pas moyen de s'ennuyer un instant. On est tout à fait dans le monde où on s'amuse... à en faire de bien bonnes!

Il ne faut pas croire, cependant, que spirite soit synonyme de spirituel. Non, et si je n'ajoute pas « au contraire », c'est que je veux rester convenable et aussi parlementaire que le comporte la délicatesse de la situation. Ce qui ne m'empêchera pas de dire franchement ce que je pense de cette belle conception.

Je demande bien pardon aux nombreuses et inébranlables convictions que je vais me permettre de rudoyer un peu. Ma foi! tant pis. *Amicus Plato, sed magis amica veritas,* pour avoir l'air savant, sans vouloir, néanmoins, passer pour un poseur de latin !

Si, après l'exposé de mes appréciations, quelque esprit vengeur vient, la nuit, me tirer par les pieds, nous le verrons bien, ou, plutôt, nous ne le verrons pas, puisqu'il est entendu que les esprits sont invisibles. En effet, on rencontre journellement quantité de personnes qui se disent avoir beaucoup d'esprit, sans que cela s'aperçoive le moins du monde.

N'importe! Si, à l'heure fatale et au milieu des ténèbres obscures, comme sont généralement les ténèbres, un esprit vient m'agacer les extrémités inférieures, pourvu que cette petite opération ne dérange pas mon sommeil, il ne m'en chaut !

Après tout, j'aime encore mieux avoir un esprit qu'un cor aux pieds. Je pourrais alors, le cas échéant, me flatter d'avoir de l'esprit jusqu'au bout des ongles! Décidément, il est bien difficile de traiter gravement cette question, qui nous paraît plutôt empreinte d'une douce, mais triste gaieté.

Que des gens sérieux, ou à peu près, s'occupent de magnétisme, à la rigueur, cela peut s'admettre; ne poussons pas l'intolérance à des limites extrêmes. Il a pu se produire, de temps à autre, quelques faits plus ou moins explicables, certains phénomènes physiologiques mais spéciaux qui, précisément parce qu'ils présentaient un caractère anormal, se trouvaient être un aliment tout indiqué à de savants appétits. Et comme, dans ces sortes de manifestations, on ne sait pas bien au juste de quoi il s'agit, on dit : C'est du magnétisme! C'est bien simple!

C'est, toute comparaison gardée, comme dans un théâtre de magie, lorsqu'on voit se produire un effet dont on ne s'explique pas nettement la cause.

Il y a toujours, à cette occasion, un monsieur qui, prenant un air malin, vous dira, en vous poussant du coude : Ça marche par l'électricité! Il n'a pas plus compris que les autres, peut-être moins, mais il a fait connaître son opinion, et cette assurance avec laquelle il parle le pose aux yeux de son entourage.

Il ne nous semble pas qu'il en soit de même pour le spiritisme. Faire de cette science plus que problématique une occupation ou une étude particulière, nous paraît dépasser les limites permises de la bonne plaisanterie.

Et pourtant cete singulière manie existe. Cette aberration psychique a envahi quantité d'âmes. Les adeptes d'Allan Kardec sont nombreux. Paris seulement en a modestement une quarantaine de mille pour son compte. Jugez du total général !

Je ne profiterai pas de l'occasion qui s'offre ici de rééditer les histoires abracadabrantes, dont la librairie spirite offre de trop nombreux échantillons. Je n'essaierai pas non plus de donner un aperçu, même très succinct, des singulières théories spirites. Enfin, je ne veux pas pénétrer trop profondément dans les arcanes de ce monument d'occultisme. Cependant, outre la tristesse qui vous envahit en présence de cette plaie intellectuelle, il y a, au point de vue humoristique, de réjouissants détails d'une cocasserie achevée, dont l'intensité m'attire.

En 1889, lors de la grande Exposition, les disciples d'Allan Kardec ont jugé opportun, de concert avec un grand nombre de « frères » étrangers, de se réunir en congrès au sein même de la capitale.

Il faut, à ce propos, savourer ces deux échos du congrès. Ce sont de vraies perles :

Un monsieur C... a une spécialité : il croit au « dédoublement ». Selon lui, certains individus peuvent se dédoubler et se trouver au même instant en deux endroits différents. Cela s'appelle, si je ne me trompe, avoir le don d'ubiquité. Tel est, paraît-il, le cas de la propre épouse de M. C..., et, à l'appui de cette assertion, voici l'étrange confidence qu'il fait en plein congrès :

« L'autre jour, je sors de chez moi. Il était
« trois heures. Je laisse ma femme à la maison.
« Elle ne voulait pas sortir et n'a pas bougé de
« chez elle.

« Eh bien ! à quatre heures, je rencontre un
« ami qui me dit qu'il venait de voir ma femme
« dans les environs de l'Ecole militaire. Ma femme
« s'était tout simplement dédoublée. » (*Hilarité prolongée.*)

Il y avait de quoi rire, en effet. Ce bon M. C... est un homme étonnant. Il est bien spirite. Il semble difficile de l'être davantage ! Ceci est la note gaie !

Le deuxième exemple est évidemment moins humoristique.

Un homme à grande barbe s'avance au bord de l'estrade et dit :

« Messieurs, je viens vous faire part d'une
« expérience que j'ai faite hier soir. Je m'étais
« muni d'une balance, sachant que j'aurais la
« visite de ma plus jeune fille. Elle est venue,
« en effet ; je l'ai pesée, et j'ai trouvé qu'elle

« avait très sensiblement augmenté de poids
« depuis deux ans qu'elle est morte ! »

En voilà un qui peut rendre des points à l'autre ! Cette balance m'a tout l'air d'une balançoire.

Franchement; si, comme je n'en doute pas, vous avez une conscience, mettez-vous la main dessus, et dites-moi si vous ne songeriez pas à faire mettre à Sainte-Anne ou à Charenton celui de vos parents ou de vos amis qui se livrerait devant vous à de pareilles acrobaties mentales ?

Je pourrais donner quantité d'exemples de cette force. Ce serait évidemment fastidieux. Je considère ces deux échantillons comme bien suffisants. Ils nous font assez connaître l'état d'âme des auteurs de ces mirobolantes communications. Si l'Ecriture a dit vrai, voilà certainement des esprits qui sont assez faibles pour aller tout droit dans le royaume des cieux !

Mais, c'est faire au spiritisme beaucoup trop d'honneur que de s'occuper de lui, même dans ces mesures restreintes. On a presque l'air de croire que c'est quelque chose, alors que c'est moins que rien, si ce n'est un déplorable dévergondage de l'imagination. Je ne fais même pas, comme pour le magnétisme, la plus légère concession ; c'est absurde comme l'absurde même ! Plus encore, si c'est possible !

Si rapidement que je veuille effleurer ce mystérieux sujet, je ne puis m'empêcher de dire deux mots d'un « médium » qui spiritisait en chambre, à Paris même, il n'y a pas encore bien longtemps. J'ai eu l'occasion, sur la demande d'un journaliste de mes amis, de voir de très près cet étonnant adepte.

J'avais pour mission d'observer le rôle que pouvait jouer la prestidigitation dans la présentation des phénomènes que produisait à volonté le médium en question.

Cette observation n'était pas facile à faire, car notre gaillard savait, sans en avoir l'air, s'entourer de minutieuses précautions pour mettre ses trucs à l'abri des regards indiscrets. En tous cas, on n'était nullement distrait par la foule, car le nombre des spectateurs était limité à deux. Mais, lorsqu'on est un peu de la partie, ces précautions sont souvent illusoires, quelquefois même elles sont indicatrices. Il faut reconnaître qu'il est fort difficile de prendre sur le fait ces hardis mystificateurs. J'ai été, à un certain moment de la séance, absolument en mesure de le faire, mais, désirant tout voir jusqu'au bout, j'ai gardé le silence et me suis contenté de prendre note.

En somme, le succès de ces productions s'explique parfaitement. L'imagination joue ici un rôle important. La personne qui assiste à ces sortes de représentations est animée de sentiments divers : ou elle vient en observateur et bien persuadée qu'elle assiste à une comédie; elle se contente alors d'observer. Ou elle vient en croyant, avec la persuasion qu'elle va voir des miracles ; l'idée qu'elle est entourée d'esprits exacerbe sa crédulité et paralyse le peu de jugement qui lui reste. On peut alors lui en faire voir de toutes les couleurs!

Je n'étais pas tout à fait dans cet état psychologique, et le résultat de ma visite fut tel, qu'une fois sorti de l'antre du médium, je donnai à mon ami l'explication de tous les phénomènes dont nous venions d'être témoins. Je me fis fort de reproduire une partie des expériences, chez mon ami même, au milieu de son salon et sans installation préalable. Ce qui eut lieu, en effet, quelques jours après, à la grande satisfaction des personnes présentes à cette soirée.

L'estimable farceur dont je veux parler est le nommé Slade, condamné en Angleterre pour « supercherie ». Il était venu à Paris dans l'espoir de se refaire une virginité, légèrement entamée de l'autre côté du détroit.

Aussi bon comédien qu'habile trucqueur, Slade savait admirablement jeter de la poudre aux yeux, et, pour un connaisseur et un observateur, une séance de cet audacieux personnage était un véritable régal de haut goût. Mais, en dépit d'une exécution supérieure, ce n'était au fond que de la belle et bonne jonglerie.

Cela n'empêche pas que, comme toujours, de vrais savants s'y soient laissés prendre. Il n'y a tels que ces messieurs pour avoir des naïvetés bien excusables, du reste, parce qu'elles sont sincères. L'un d'eux, M. le docteur Gibier, a fait, au sujet de Slade, un livre intitulé : *Le Spiritisme*, dans lequel on trouve, entre autres singularités, un fac-similé de l'écriture des esprits (on demande un expert)!

Citons, à ce sujet, un autre trait bien amusant. Il s'agit d'un certificat émanant d'un de mes collègues en prestidigitation, que nous appellerons X... et qui, sous la garantie de sa signature, a affirmé la sincérité des expériences spirites et leur parfaite authenticité. Il faut, mon cher X..., laisser ces simplicités aux hommes de science : leur qualité même de savants leur permet d'ignorer certains mystères que nous, simples escamoteurs, nous devons forcément connaître.

Du reste, il est à remarquer que les hommes de science sont souvent exposés à ces sortes d'aventures. Tout dernièrement encore, à Londres cette fois, le monde scientifique a commis une de ces gaffes dont il gardera longtemps le souvenir. Les *Official scientific men of London* ont été carrément roulés par une femme. Cette hardie mais éhontée trucqueuse les a obligés à discuter gravement ensemble. Elle leur a fait écrire de formidables mémoires, destinés à disserter, raisonner, analyser et prouver une foule de faits auxquels, l'événement l'à prouvé, les malheureux ne connaissaient absolument rien.

Hâtons-nous d'ajouter que, dans ce cas, le magnétisme était étranger à l'affaire. La bonne dame prétendait simplement posséder une force physique tellement étonnante, qu'elle lui permettait, étant posée sur un seul pied, de résister à la poussée de trois ou quatre hommes, et de les mettre même dans l'impossibilité de la soulever de terre, opération qui devenait facile si elle entourait ses bras nus d'un foulard de soie. Mais il est évident que ces foulards n'étaient qu'un fallacieux détail de mise en scène. Il n'y avait, du reste, pas que cela de fallacieux dans ce « numéro. »

Cette femme, qui se faisait appeler miss Abbott, a donné, cette année même, quelques représentations au Casino de Paris. Bien qu'annoncées à grand fracas, ses séances n'ont obtenu aucun succès. D'ailleurs, au point de vue scénique, c'était absolument assommant, presque autant que les séances de liseurs de pensées, et ce n'est pas peu dire. Elle ne tint pas longtemps du reste et fut bien heureuse de s'en tirer sans encombre.

C'est égal, il faut un fameux toupet et une bien piètre idée de l'intelligence humaine pour oser présenter publiquement de semblables mystifications.

Déjà, à Londres, M. Maskelyne, un brillant et sympathique confrère qui, comme votre serviteur, ne coupe pas facilement dans ces fantaisistes ponts, avait fait justice des singulières prétentions de miss Abbott. Ce sont précisément ses révélations qui firent monter le rouge de la confusion au front des éminents savants londonniens.

Cet abus du charlatanisme a même failli être fatal à notre ami Jacques Inaudi qui, arrivé à Londres, fut accueilli avec défiance. Tout d'abord les savants officiels ne voulurent pas en entendre parler. Ils redoutaient une nouvelle surprise. Mais le vrai talent triomphe toujours, il a bien fallu se rendre à l'évidence. Aujourd'hui, les hommes de science, revenus d'un injuste soupçon, sont les premiers à exalter et à admirer les phénoménales expériences du merveilleux et presque surnaturel calculateur.

Au moment des séances de miss Abbott à Paris, j'ai eu un instant l'idée de contrarier l'exercice de sa coupable industrie. Je trouvais humiliant pour nous que cette femme, après avoir été conspuée à Londres, vînt nous juger assez...

bêtes, disons le mot, pour nous présenter son mystère de carton. Mais elle tomba d'elle-même sous l'indifférence publique et elle avait déjà disparu au moment où je pensais m'occuper d'elle.

Son « truc » est, d'ailleurs, des moins mystérieux. Il se réclame de la physique expérimentale et réside tout entier dans l'emploi savamment combiné du déplacement du centre de gravité, et aussi du compérage. Avec ces simples procédés et beaucoup d'audace, on met dedans, non seulement les spectateurs, mais encore les collèges scientifiques, et, en fait de gravité, on arrive ainsi à déplacer leur propre centre.

Ainsi donc, chers savants, méfiez-vous ! et lorsqu'il vous sera donné d'être encore mis en présence de quelque nouvelle « mystériosité » rappelez-vous ce qu'a dit La Fontaine :

> On a souvent besoin d'un plus petit que soi.

Ne dédaignez pas, à l'occasion, d'avoir recours aux lumières spéciales de quelque modeste trucqueur. Malgré son peu de valeur académique et scientifique, il en saura toujours plus long que vous sur ces sortes de questions, ceci soit dit, bien entendu, sans vouloir porter la moindre atteinte à votre qualité d'homme de science et de savant.

Pour en revenir au livre que M. Gibier a fait sur le spiritisme, il faut reconnaître que ce savant docteur, auteur de travaux autrement sérieux et assez estimés, je crois, du monde scientifique, ne se porte pas garant des faits qu'il raconte, c'est simplement parce qu'ils sont restés inexplicables pour lui, qu'il les trouve si extraordinaires. Sa bonne foi a été certainement surprise. Il y a tout à parier qu'aujourd'hui sa religion est mieux éclairée et, qu'en fait d'esprit, il doit avoir celui de rire désormais de cet emballement scientifique.

La presse a, d'ailleurs, fait justice des clowneries de Slade. J'ai lu à ce sujet, dans plusieurs journaux et sous diverses signatures, notamment celles de MM. Henri Girard, Émile Second et Camille Flammarion, de longs et intéressants articles, mettant vertement et spirituellement à leur place les fantastiques prétentions de ce flibustier américain.

Ce personnage qui se fait appeler sur ses cartes : le docteur Slade, annonçait que ses séances avaient pour but de démontrer l'existence d'une force intelligente et indépendante. Étonnante, cette force qui emploie son intelligence à faire faire aux meubles de ridicules culbutes, et son indépendance à obéir au premier venu en répondant docilement, sur une ardoise, aux questions plus ou moins bizarres qui lui sont posées ! On est plutôt porté à croire que le but de ces incohérences était de faire tomber les louis dans le gousset de l'ingénieux Slade. C'était certainement le côté le plus intelligent de cette force indépendante.

Et dire qu'il ne faut pas autre chose pour épater quantité de gens, y compris mon mystérieux collègue X...; cet excellent camarade, car il est excellent, je tiens à le constater, est littéralement féru de toutes ces questions burlesques. Aujourd'hui c'est à l'astrologie qu'il donne la préférence. On ne peut lui faire un crime de tout cela; mais au nom de la logique, il devrait décidément comprendre que l'exercice de la prestidigitation et peu compatible avec celui de ces sortes de « sciences » qui réclament une attitude et une gravité spéciales. Tout pavé de bonnes intentions que je sois, j'ai bien de la peine à admettre que le même monsieur s'abîmera pendant des heures dans les méandres des constellations et que, de la même main qui fait de si savants calculs, il viendra ensuite me faire sauter la coupe ou sortir une pièce de cent sous du bout du nez ! Cela manque d'harmonie; mais voilà, quand on est toujours dans les nuages, on ne s'arrête pas à ces infimes détails d'une essence trop terrestre.

Ce profond et trismégiste thaumaturge qui est, en somme, un caractère, a déjà labouré le champ de diverses sciences toutes plus occultes les unes que les autres. Le magnétisme le passionne, le spiritisme le transporte, la kabbale l'enivre, à tel point, qu'il a entrepris l'étude de l'hébreu, pour avoir la satisfaction de lire le récit des mystères antiques à l'aide des textes sacrés. Voilà un raffinement et une conviction qu'on ne saurait trop admirer.

Finalement il s'est jeté à corps perdu dans les bras de l'astrologie. Cette variété nous manquait; à lui aussi sans doute? Les lauriers des Galeotti et des Ruggieri l'empêchaient probablement de dormir. Je m'attends toujours à le voir coiffé du chapeau pointu, une baguette de coudrier à la main et revêtu de la longue robe en velours noir, dans les plis de laquelle le soleil, la lune, les étoiles et tout le zodiaque se livrent, en compagnie de quelques crânes et tibias, à une de ces joyeuses farandoles dont ces folâtres emblèmes ont seuls le secret. Malheureusement, il me serait bien difficile de jouir de ce désopilant spectacle, car, en raison de la divergence de nos idées en matière d'occultisme, nos entrevues sont plus que rares. Grâce à quelque rencontre fortuite, je puis encore, de temps à autre, lui serrer la main, ce que je fais avec plaisir, car si je taquine un peu le spirite et l'astrologue, l'homme conserve toujours mes sympathies.

Néanmoins ce sentiment de déférence pour l'homme qui est sous l'astrologue, ne m'empêchera pas de traiter l'astrologie comme elle le mérite. La meilleure définition que je puisse en donner est la suivante :

« Astrologie : art mensonger et chimérique
« qui prétend prédire l'avenir par l'inspection
« des astres comme si, dans l'imperturbabilité et
« la régularité de leur marche, ils pouvaient
« avoir quelque influence sur l'innombrable
« multiplicité des événements, qui dépendent
« uniquement de la volonté de l'homme et de
« son libre arbitre ! » — Ce n'est pas moi qui dis cela, mais j'approuve.

On dit aussi d'autre part : « L'astrologie est la fille très folle d'une mère très sage. » Et qui s'exprime ainsi ? Précisément un copain, l'astrologue Kepler qui eut, il est vrai, la gloire de donner, comme astronome, une très belle théorie de la planète Mars et d'énoncer les lois dites : *Lois de Kepler*, mais qui aussi, à ces traits géniaux, mêla quelques folles élucubrations astrologiques.

Malgré ces définitions qui paraissent si bien marquées au coin du bon sens et de la vérité, mon ami X... s'évertue à démontrer qu'il n'est pas de science plus sérieuse, plus exacte et plus utile que l'astrologie. Pour mon compte, il me faudrait un fameux télescope pour voir ce qu'il voit. Je crois que l'équatorial lui-même n'y suffirait pas.

Quoi qu'il en soit, continue, mon cher X..., tu trouveras toujours assez de bonnes gens pour aller te voir jongler avec les étoiles, et admirer la savante façon dont tu t'y prends pour leur montrer la lune en plein midi ! Et maintenant ne profite pas de ce que tu es, plus que moi, bondé d'érudition — ce qui n'est pas difficile — pour me traiter de Zoïle, ce critique injuste et envieux, alors que tu devrais plutôt — excuse cette prétention — m'appeler Aristarque, ce juge sévère et impartial des œuvres de son temps.

XIII

LES AÏSSAOUAS

Un souvenir. — Le Concert algérien. — La danse du ventre. — Les Aïssaouas. — La séance. — Les petits trucs. — Explications obligatoires. — Invulnérabilité et fanatisme (?).

Avant de terminer un tel livre et d'arriver à une conclusion aussi logique que possible, je demande au lecteur la permission d'évoquer le souvenir de 1889 et de le conduire un instant avec moi dans un coin de cette inoubliable Exposition, dont les merveilles éblouissantes sont encore présentes à notre mémoire.

Dans ce coin, ce tout petit coin dont je parle, se trouvaient quelques exotiques confrères dont il serait injuste de ne pas s'occuper ici.

Si, dans certains pays et dans quelques cas spéciaux, il se produit des scènes de fanatisme, ce qu'on ne peut nier, il ne faut pas en déduire que ces mêmes scènes étaient *consciencieuse-*

ment reproduites par les personnages dont nous allons parler. Ici, la simulation joue un rôle important, et c'est pour cette raison que nous prenons la liberté d'éplucher un peu ces singuliers mystères. Nous pensons avec Boileau que « rien n'est beau que le vrai, le vrai seul est aimable ».

C'était sur l'Esplanade des Invalides, à gauche en entrant par le quai d'Orsay, que se trouvait le fameux Concert algérien; le seul où, paraît-il, et ainsi qu'en avisait la direction, on pouvait voir la véritable danse du ventre. Avis perfide, qui semblait insinuer qu'il existait de fausses danses du ventre, à moins qu'on n'ait voulu entendre des danses de faux ventre! Aujourd'hui, la falsification se fourre partout!

Mais ce n'est pas de cette danse abominable... pardon, je voulais dire abdominale, dont je tiens à parler. Je n'ai sans doute pas le sens suffisamment oriental pour éprouver de radieuses extases en voyant une dame remuer ses intestins en public. Je ne conteste pas le côté select de cette chorégraphie organique, et me contente d'avouer que je n'en saurais faire autant.

Dans ce fameux concert, où il y avait bien des choses, excepté de la musique, il m'a été donné d'assister aux épileptiques calembredaines d'une bande de fumistes qui exerçaient là leur petite industrie. Il est certain, qu'à première vue, ces braves gens se livraient à une foule d'occupations qui ne sont pas dans les usages courants d'une société civilisée.

Il est rare que, même à titre de simple distraction, on éprouve le besoin de croquer des morceaux de verre ou des scorpions vivants ; ces sortes de friandises ne tentent pas tout le monde. On pense rarement aussi à se percer le ventre ou les joues avec de longues aiguilles, et, encore moins, à se faire sortir l'œil de l'orbite, ce qui, entre nous, constitue une singulière manière de voir.

Ces petites opérations ne sont qu'un jeu pour les Aïssaouas, qui les accompagnent d'assourdissants boum-boums, de ridicules évolutions et de gutturales vociférations. Cet ensemble a la prétention de constituer un art ; il représente le genre de « travail » et est la spécialité de ces facétieux Arabes. J'ignore si ce genre de commerce, car c'en est un, contribue à rendre l'Arabie heureuse, mais ce spectacle n'a que vaguement contribué à mon bonheur.

Décidément, je n'ai pas de chance. Pour la première fois, depuis Herrmann, que je débourse cinq francs pour voir des escamoteurs, je suis tout juste satisfait. Il faut avouer, cependant, que j'ai vu là des tours nouveaux. S'ils ne sont pas de ceux dont je compte « enrichir » mon répertoire, je crois au moins en avoir suffisamment découvert les ficelles, dont quelques-unes sont, d'ailleurs, assez grosses. Aussi vais-je avoir la satisfaction de faire ici la relation de cette séance et de donner l'explication de ces petits trucs. Ils appartiennent à la catégorie de ceux qu'on peut, qu'on doit même divulguer.

Sur une estrade au fond, et sur les côtés de laquelle court un divan, une dizaine de mamamouchis sont assis ou accroupis. Chacun d'eux est armé, c'est le mot, d'un énorme tambourin, assez semblable à un tamis pour les grains, sauf, bien entendu, que la peau n'est pas percée.

A l'aide de ces engins, et sans qu'aucune autre note vienne s'y mêler, les « artistes » se livrent à un inqualifiable tapage qu'il nous faut subir pendant au moins un quart d'heure. Comme c'est toujours la même note et le même rythme, cela rappelle faiblement les chefs-d'œuvre de nos gloires musicales.

Après cette « mélodie », un autre quart d'heure est employé par des prières faites à haute mais inintelligible voix. Naturellement, nous n'y comprenons rien. Cette circonstance, peut-être fort heureuse pour nous, ne contribue cependant pas à rendre l'audition plus amusante. Mais cela fait toujours une demi-heure de passée, à l'aide d'exercices qui ne présentent pas une difficulté insurmontable.

Devant les artistes, au centre de l'estrade, se trouve un vulgaire réchaud dont les flancs recèlent quelques charbons allumés sur lesquels les virtuoses passent, de temps à autre, leur instrument. Cette opération, autant que j'ai pu m'en rendre compte, a pour but d'augmenter la sonorité de l'appareil. Les spectateurs, cependant, ne paraissent pas sentir la nécessité ds cette augmentation de sonorité ; nos exigences se seraient plutôt contentées du contraire. Ce réchaud n'a pas, d'ailleurs, cette seule destination, ainsi qu'on le verra plus loin.

Enfin, le « concert » et la prière étant terminés, on va procéder à l'ouverture de la comédie. Un jeune homme, dont l'orientalisme parait être tout entier dans le costume, nous annonce que la représentation va commencer par l'Aïssaoua Ben... Machin, qui va manger une feuille de cactus. A cet effet, le régisseur présente la dite feuille et la fait visiter à toute la salle. Mais chaque fois qu'un spectateur tend la main pour y toucher, le présentateur se fait un malin plaisir de l'avancer un peu vite ; on se pique les mains, c'est très drôle. J'ai moi-même éprouvé cette piquante sensation.

Pendant cette visite, les boum-boums recommencent, et le réchaud brûle toujours, sans doute pour ne pas laisser la scène à froid. Ensuite, l'Aïssaoua désigné se lève et se décoiffe. Puis, tournant le dos au public, il se place devant le réchaud dans lequel un autre jette une poudre odoriférante qui dégage de la fumée. Ben-Machin se met alors à remuer, dans tous les sens, sa tête sur ce réchaud et dans cette fumée; il fait, en même temps, quantité de mouvements et de sauts bizarres accompagnés de Oh! et de Ah! du plus grotesque effet, pendant que les boum-boums font rage de plus belle.

C'est ainsi que l'Aïssaoua s'entraîne et fait provision de la somme d'extase qui lui est indispensable pour exécuter son petit truc, lequel serait tout de suite fini et n'aurait l'air de rien, — c'est-à-dire de ce qu'il est, — sans cette mirifique mise en scène.

Pendant ces préliminaires, je ne perdais pas de vue la feuille de cactus qui, rapportée enfin sur l'estrade, était remise à un des compagnons. Celui-ci la place tout tranquillement, sans se gêner, derrière une boîte qui se trouvait là, comme par hasard. L'autre continue encore quelques instants à s'entraîner; puis, brusquement, il vient prendre la feuille de cactus, derrière la boîte, et la brandit avec une vélocité suffisante, pour qu'on ne remarque pas que ce n'était plus la même. Jugeant le moment opportun, il la porte à sa bouche et en enlève un morceau qu'il mâche avec une apparente satisfaction, en hurlant de plus belle.

Tout à coup, la « musique » s'arrête et est remplacée par une sorte de mélopée psalmodiée par toute la troupe. L'Arabe allait s'offrir une seconde bouchée, lorsqu'un camarade se levant vivement lui arrache la feuille et la remet derrière la boîte, à côté de l'autre, celle qui a des piquants. Le change est naïf et n'en passe que plus inaperçu.

L'exécutant ayant terminé son « numéro » va alors embrasser sur la tête un des deux Aïssaouas assis au centre, et tombe comme exténué dans un coin du divan, où il se cache la figure, probablement pour se débarrasser du morceau de feuille mâchée qu'il n'a sans doute pas envie d'avaler.

Puis c'est au tour de Ben-Chose et de Ben-Untel. Comme c'est, chaque fois, le même cérémonial d'entraînement, je me contenterai de donner, aussi brièvement que possible, l'explication de chaque mystère. Il s'agit maintenant de se passer une flamme sur les bras et sur la figure. A cet effet, une sorte de petite torche allumée est remise à l'opérateur qui, avec une certaine lenteur, la promène sur toute la longueur de l'un et l'autre bras, puis sur le cou, le bas de la figure, la mettant parfois dans sa bouche où, finalement, il l'éteint.

Il n'est pas de bonne foire où, pour quinze centimes, on ne puisse voir faire ce tour par quelque sauvage de la Villette ou des Batignolles. Nous connaissons une certaine solution qui met cette opération à la portée de tous les épidermes ; nous n'avons aucun mérite dans la découverte de ce secret, connu de temps immémorial par tout saltimbanque qui se respecte.

Un autre va, maintenant, manger du verre. En effet, on présente un verre à boire, forme gobelet, on le casse. L'homme prend un morceau de moyenne grandeur et se met à le croquer bruyamment. Cette mastication saugrenue produit toujours son effet : quelques personnes poussent un cri d'étonnement.

Ici le fait est réel, mais beaucoup moins extraordinaire qu'on pourrait le croire. On a vu, en effet, des écervelés, dans un moment de colère, briser un verre avec leurs dents, sans éprouver de sérieux dommages. D'autre part, Robert-Houdin, qui a vu aussi les Aïssaouas, affirme, d'après une thèse du docteur Lesauvage, que l'ingestion du verre pilé est sans danger. Sur la foi de cette assertion, il fit, un jour, un essai sur ses propres chats. Ceux-ci ne s'en étant pas mal trouvés, il continua l'épreuve sur lui-même et avala une boulette de mie de pain contenant du verre pilé, sans être autrement incommodé.

J'ai voulu moi-même me rendre compte de la possibilité du fait et procéder exactement comme l'Aïssaoua. Ayant cassé un verre, j'en ai littéralement croqué un morceau et suis prêt à recommencer quand on voudra.

Le même Aïssaoua se perce la joue avec une longue aiguille, grosse environ comme un petit crayon et emmanchée dans une boule de bois.

Ici l'illusion est d'autant plus complète que le fait est réel. L'homme a d'abord la singulière précaution de faire passer cette aiguille entre les lèvres de deux de ses collègues. J'ai seulement remarqué que l'introduction se fait de l'intérieur de la bouche et pas très franchement, il y a tâtonnement. Existe-t-il, à cet endroit, un imperceptible trou permanent dont l'entretien semble pourtant problématique, étant donné qu'il s'agit ici de muqueuses? En tout cas, il faut admettre le transpercement. Le bout pointu sort de quelques centimètres, et le poids de la boule fait prendre à l'aiguille une position presque perpendiculaire.

Un autre, à l'aide de sortes d'aiguilles à tricoter, se perce non seulement les joues, mais la gorge, la langue, les paupières mêmes.

J'ai dit, à propos de magnétisme, avec quelle indifférence de jeunes femmes supportaient le transpercement du bras. Cette opération devient alors bien peu de chose pour ces hommes évidemment endurcis; ce n'est peut-être pour eux qu'une faible sensation, vu l'entraînement et l'habitude qu'ils ont de tels exercices.

Jusqu'ici, et dans une certaine mesure, tout s'explique donc. Mais où le « truc » commence, c'est qu'après avoir enlevé les aiguilles, il n'y a aucune effusion de sang, mais, si l'homme porte la main à sa face, le sang apparaît et coule, et cette effusion n'a lieu que là où il porte la main. Le sang ne coule pas aux autres endroits perforés, de même qu'on ne l'avait pas vu couler non plus à la joue de celui qui s'était pourtant servi d'une bien plus grosse aiguille! Mais tout cela se passe au milieu de tant de bruit, de hurlements et surtout de mouvements, évidemment destinés à détourner l'attention du public, que ces sortes de détails lui échappent forcément.

Cette expérience est une de celles qui frappent le plus, comme l'aiguille à chapeau enfoncée dans le bras de sujets dits magnétiques.

Mais où le truc est plus visible, c'est pour celui qui s'enfonce la grosse aiguille dans le ventre, qui marche pieds nus et se met à plat ventre sur la lame d'un sabre dont le tranchant n'est, d'ailleurs, que modérément affilé, ainsi que j'ai pu m'en convaincre.

Pour l'aiguille dans le ventre, on relève le vêtement de l'opérateur afin de mettre l'abdomen à nu. L'homme se met à genoux près de ses camarades qui semblent le soutenir et l'assister dans cette cruelle épreuve. Le patient appuie la pointe de l'aiguille sur son ventre et, prenant un maillet, il frappe à tour de bras sur la boule qui termine l'aiguille. Or, comme il tient cette boule de l'autre main, à chaque coup de maillet, il donne une poussée en sens inverse. Etant donnée l'élasticité du bras, il oppose simplement une sorte de force d'inertie. Il pourrait frapper plus fort encore sans plus de danger. D'autre part, il fait prendre à l'aiguille une direction oblique, de sorte qu'elle pénètre en intéressant seulement et superficiellement trois ou quatre centimètres de la partie dermique. Il est très possible que cette sorte d'introduction ne soit pas fort agréable; mais c'est beaucoup moins douloureux qu'on ne le suppose. Les personnes qui se servent de la seringue de Pravaz et celles qui supportent d'autres injections hypodermiques plus considérables encore ne font pas autre chose. Elles ne se déclarent pas pour cela fanatiques ou illuminées.

Notons, en passant, que lorsque notre Arabe retire son aiguille, il n'y a pas, non plus, effusion de sang, et il ne saurait y en avoir, à moins que la main nantie d'un petit récipient *ad hoc* ne vienne ici jouer un rôle.

Malgré leur prétention, aucun de ces Arabes n'a été, que je sache, plongé dans le Styx, et depuis Achille, nous n'avons aucun exemple de cette qualité d'invulnérabilité qui, au sens vrai du mot, n'existe pas.

Marcher pieds nus sur la lame d'un sabre est un jeu. On sait qu'en frappant d'aplomb, on peut, sans se couper, donner des coups sur la lame d'un rasoir. Se mettre à plat ventre sur cette même lame de sabre tenue par deux copains, alors qu'un troisième monte sur le dos de l'opérateur, est une expérience qui se résume en une simple compression de l'intestin, et ne présente rien d'autrement extraordinaire.

Le même homme fait encore autre chose, il tient son sabre la poignée contre terre, la pointe en l'air et se plie en deux sur cette pointe en tenant la lame à deux mains. Dans cette situation, un autre monte encore sur son dos, soutenu qu'il est par deux compagnons placés de chaque côté de l'opérateur. Il est certain que celui-ci soutient à force de bras son propre poids et le poids d'ailleurs très momentané de son camarade qui, lui-même, s'aide des épaules des deux acolytes. C'est du miss Abbott tout pur!

Le bonhomme, naturellement, sort de cette épreuve sans accident, et, chose vraiment singulière, ce ventre qui, tout à l'heure, se laissait docilement percer par une aiguille, ne peut plus l'être par un sabre dont la pointe est, cependant, assez acérée pour pouvoir s'enfoncer dans le bois de l'estrade! Ça manque de logique!

Un autre mange des cailloux. C'est un genre d'exercice dont il est presque superflu de parler. On met à terre une quinzaine de petits cailloux ronds. Après les simagrées d'usage, l'Aïssaoua en prend un et le met dans sa bouche, puis deux, trois, etc. Au cinq ou sixième, un copain ramasse vivement le reste des cailloux et arrête ainsi la petite collation de notre lithophage.

Il est à remarquer, et ceci a son importance, qu'il y a toujours un complaisant auxiliaire qui s'interpose et empêche l'autre d'aller trop loin. C'est toujours lorsque l'épreuve pourrait devenir sérieuse que le susdit copain arrête la manifestation au moment psychologique. Quant à l'opérateur il reste avec ses petits cailloux. Il n'y a ni mastication réelle ni apparence d'une déglutition qui, en somme, pourrait agir d'une façon plutôt favorable sur l'intestin.

Voici un autre disciple d'Aïssa qui pense nous

intéresser en léchant une pelle rougie au feu. C'est toujours le même truc. Les personnes qui voudraient s'édifier sur ce point n'ont qu'à se procurer le *Journal des Savants*, deuxième édition de 1860, pages 24, 147 et 252. Elles y trouveront des cas d'incombustibilité humaine beaucoup plus curieux, comme, par exemple : se laver les mains avec de la fonte en fusion, etc., etc.

Nous arrivons enfin à celui qui mange des vipères, ainsi qu'à celui qui mange des scorpions vivants, car ces singulières fonctions ont des titulaires différents : il paraît que celui qui mange des vipères n'a pas de goût pour les scorpions et *vice versa*.

Le coup du scorpion, tel que je l'ai vu, est ingénieux. Voici comment, ce jour-là du moins, la chose s'est passée. On nous présente deux scorpions authentiques et bien vivants, auxquels, bien entendu, on a préalablement enlevé le dard, seul point dangereux. On fait circuler ces petites bêtes en les plaçant sur un des fameux tambourins auxquels on fait rendre ainsi différents services qui, pour n'être pas musicaux, n'en sont pas moins appréciables. Lorsque l'opérateur est jugé suffisamment entraîné, on lui abandonne par terre les deux animaux.

Ici commence la comédie. L'homme se livre, avec les scorpions, à une pantomime vive et animée, les agaçant, les laissant s'éloigner, les ramenant, les élevant en l'air, s'en plaçant un sur le front ou sur la joue, les remettant à terre, les poursuivant et, grâce à ce sport, amenant adroitement l'un d'eux tout au bord de l'estrade, si bien que, comme par accident, il tombe devant les spectateurs! Ceux-ci, étant tout près, se lèvent vivement, les dames surtout qui jettent quelques cris et redoutent une indiscrète ascension scorpionesque! Une légère bousculade se produit. Pendant ce temps, l'homme cherche son fugitif, tenant toujours le second scorpion au bout des doigts. Finalement il remonte sur l'estrade, triomphant, ayant retrouvé son animal qu'il brandit d'un air vainqueur.

Chacun alors se rassure, mais l'Aïssaoua n'attend pas le complet rétablissement de l'ordre et se met dans la bouche ce qu'il tient à la main, c'est-à-dire quelque chose qu'au milieu du trouble et de l'émotion provoqués, on peut prendre pour le scorpion retrouvé. L'Arabe mâche consciencieusement cet objet qu'il montre ensuite réduit au bout de sa langue. Spectacle de haut goût!

Le calme une fois rétabli, l'opérateur, tenant toujours à la main et en l'air le second scorpion, se dispose à lui faire prendre le même chemin qu'à l'« autre ». Mais, un complaisant camarade s'élance et s'empare du succulent arachnide.

Toujours l'intervention opportune et providentielle, qui est plus en situation que jamais ! L'autre a l'air furieux d'être privé d'une partie de sa précieuse collation et retourne, avec des gestes désespérés, se rouler sur le fameux divan.

Quant au scorpion échappé, ou il a été vraiment retrouvé et fourré dans quelque poche de l'ample vêtement de l' « artiste », ou, abandonné à lui-même, a-t-il regagné quelque retraite spéciale, malgré le peu d'éducation dont cet animal me paraît susceptible. Qu'est-il devenu au juste ? C'est une question de détail ; l'important est de savoir s'il a été mangé !

Après tout, le fait n'est pas impossible, et si je fais cette réserve c'est parce qu'une personne, en qui j'ai pleine confiance, m'a assuré que les Aïssaouas mangeaient réellement des scorpions. Soit. Qu'est-ce que cela prouve ? Une simple dépravation du goût, pas autre chose. J'ai parfaitement connu un nommé Jean de Paris qui mangeait en public des choses plus répugnantes encore, et, après tout, le scorpion, prudemment débarrassé de sa partie nocive, n'est peut-être pas plus mauvais qu'une crevette, même vivante ! Le goût en serait-il exécrable ? La dégustation de cet animal constitue, sans doute, un fait répugnant, mais nullement miraculeux et susceptible de faire l'objet d'une attraction théâtrale.

Un autre extasié se charge de manger des vipères qui ne sont que d'innocentes couleuvres, qu'on fait surtout avaler aux spectateurs.

Ce coup ne vaut pas celui du scorpion : après les simagrées habituelles et décidément fastidieuses, il n'y a de mangé qu'un petit bout de queue, encore n'est-il pas celui de l'animal! Le moment venu, l'opérateur tient la couleuvre à pleine main, du côté de la queue, dont cette main cache le vrai bout. Il laisse passer un bout imitatif qui semble être la vraie suite de la bête. Un coup de dent, et c'est fait! Le reptile qui, lui, ne joue pas la comédie, ne donne aucune marque extérieure du désagrément que devrait lui causer l'amputation de cette partie de son corps qui, pour être éloignée de la tête, ne doit pas moins lui être chère. L'animal est ensuite remis dans sa boîte et, chose singulière, on lui mange tous les jours un bout de sa queue, sans que pour cela il diminue jamais de longueur! C'est ce qu'il y a de plus curieux dans ce tour!

Quant à celui qui se fait sortir l'œil de l'orbite, cela n'a rien non plus d'excessif. Le mot sortir est, du reste, fort exagéré. L'œil, à l'aide d'un petit instrument, avance légèrement en dehors. Cet organe se prête, d'ailleurs, à ce jeu beaucoup plus facilement qu'on ne le suppose et, dans les cliniques d'oculistes, on observe des cas autrement extraordinaires, qui n'en sont pas pour cela plus agréables à voir.

Ainsi, avec ces facétieux Arabes, ceux qui ont le cœur solide assistent à un genre particulier de prestidigitation. Ce n'est pas tant leurs tours que je leur reproche, mais l'importance exagérée qu'ils semblent y attacher, et, surtout, le rôle qu'ils font jouer là-dedans au fanatisme. Lorsque des vrais fanatiques — il en existe, hélas! — veulent procéder à leurs mystères, ils opèrent chez eux, dans le milieu qui convient à leur foi religieuse; il leur faut un cadre et un endroit spécial; ils ne traverversent pas pour cela les mers et n'imitent pas les saltimbanques en faisant, comme eux, parade à la porte pour attirer les gens. En fait de fanatisme, ceux dont il est question ont surtout celui de la pièce de cent sous!

Dans le cours de la séance, j'ai souvent remarqué que l'opérateur, arrivé au *summum* apparent de l'extase, prenait subitement une allure toute naturelle pour rectifier, par exemple, quelque infime détail de mise en scène, puis revenait à sa première attitude, dont la simulation ne pouvait faire aucun doute. Il faut vraiment y mettre de la bonne volonté pour trouver que ces singeries constituent un art.

Il n'y a donc rien de mystérieux chez ces Aïssaouas. Leur invulnérabilité est toute d'apparence. Comme tant d'autres, ils font ce qu'ils peuvent. Ils savent, avec ensemble, se prêter un mutuel appui et s'entendent à merveille, comme Aïssaouas en foire. Le plus clair de l'affaire, c'est qu'ils prennent cinq francs pour un spectacle qui n'est même pas une distraction, car, en plus de sa fausseté, il est écœurant et beaucoup de personnes ne peuvent y résister jusqu'au bout.

En résumé, magnétiseurs, spirites, astrologues, somnambules, tireuses de cartes, Aïssaouas, on peut mettre tout ce monde-là dans le même panier. C'est toujours la cynique et brutale exploitation de la crédulité. C'est en vain que je cherche à adoucir le jugement porté sur la bêtise humaine. Si l'on en croit certains sages, elle serait sans bornes. On est vraiment tenté de le croire !

XIV

CONCLUSION

Et maintenant, terminons. J'ai dit ce que je tenais à dire. Je l'ai dit sincèrement. Si, en quelque endroit, je me suis trompé, c'est de bonne foi. Je ne demande pas mieux que cela me soit démontré. Je ne crois pas avoir dépassé les limites permises de la critique. Les magnétiseurs et les spirites protesteront peut-être. Ce n'est pas moi qui leur contesterai ce droit, et je suis, très courtoisement du reste, à leur disposition.

En ce qui concerne la prestidigitation et les prestidigitateurs, je redoute peu la controverse. Non pas que j'aie la sotte prétention de croire qu'après ce que j'ai dit, il n'y a plus rien à ajouter ; loin de moi cette pensée ! Cette controverse peut, en somme, se produire, puisque certains collègues, si l'on en croit leurs annonces et leurs affiches, jouissent d'une foule de supériorités qui doit les mettre à même de dire quelques paroles bien senties sur les divers sujets dont nous nous sommes occupé dans les précédents chapitres.

J'ai peut-être, en certains cas, montré quelque sévérité; mais, à l'instar de M. Petdeloup, je crois aussi avoir été juste. Je me suis assez élevé et m'élève vigoureusement encore contre cette manie d'autoglorification, à laquelle sacrifient si largement quantité de confrères.

En agissant ainsi, je n'ai nullement l'intention de leur dire des choses désagréables. Je suis, au contraire, animé du désir de les mettre en garde contre une exagération qui ne peut leur être très profitable, surtout à ceux — et on m'accordera qu'il en existe — qui ne sont pas en situation de remplir très exactement leurs trop superbes promesses.

J'ai un peu « blagué » les pompeuses qualifications dont quelques-uns font un si généreux abus. Par d'éblouissantes épithètes, ils pensent ainsi provoquer l'attention et la curiosité du public; mais l'exposé de leurs prétendus avantages, ainsi que j'ai pu maintes fois m'en convaincre, est plutôt l'objet d'ironiques commentaires de la part de ce même public qu'ils pensaient éblouir.

Il en est, du reste, qui poussent cette vaniteuse manie à d'extrêmes limites et vont jusqu'à se décerner modestement le titre de : Roi des prestidigitateurs! ou : Le plus fort prestidigitateur du monde! Excusez du peu! Et lorsque vous leur offrez le moyen pratique de prouver cette force et d'affirmer cette fantaisiste royauté, ils restent cois, et se dérobent avec une désinvolture qui fait l'éloge de l'élasticité de leurs principes.

Tout cela n'est pas fait pour relever un prestige que chacun devrait avoir à cœur de tenir aussi haut que possible. Il faut réagir contre cette tendance, qui met au rang des pires charlatans ceux qui s'y laissent aller. Je ne fais pas ici de rigorisme exagéré. Je sais très bien que nous n'avons pas à prendre des attitudes particulièrement austères, mais il y a une mesure en tout. Sans pousser la modestie à des limites extrêmes, ce qui serait encore un genre de pose, laissez donc à d'autres le soin de dire si vous êtes le plus fort ou le plus célèbre.

Ce n'est pas en se les appliquant à soi-même que ces sortes de louanges peuvent devenir articles de foi. Il y a un moyen beaucoup plus profitable au vrai talent, c'est de montrer qu'on en possède. Le crier sur les toits n'est rien ; en donner des preuves c'est tout.

A vous donc, chers collègues, d'avoir du talent, et surtout de savoir vous en servir. Heureusement, car c'est aux jeunes que je parle, vous avez devant vous le temps nécessaire pour acquérir les brillantes qualités qui sont certainement chez vous en incubation, mais dont l'éclosion n'est pas encore complète. Je souhaite très sincèrement qu'avec l'étude et le travail auquel vous devez vous livrer, vous parveniez tous un jour à être : « le plus habile prestidigitateur de l'époque ! » Mais quel que soit le talent que vous aurez acquis, croyez-moi, ne vous faites pas appeler pour cela : le roi des prestidigitateurs; vous éviterez ainsi un ridicule, et, d'ailleurs, vous le savez, la place est prise. Il y a quelqu'un !

J'éprouve à présent l'impérieux besoin de dire deux mots à ces divulgateurs à outrance qui, sous les noms de A. M. Dr Z., etc., encombrent hebdomadairement de leur prose indiscrète les journaux et revues qui leur sont hospitaliers.

Ces hardis démonstrateurs ne semblent pas comprendre le tort qu'ils font à la profession, à leurs collègues et à eux-mêmes. Quel avantage trouvent-ils à enlever ainsi à quantité de personnes les illusions que celles-ci peuvent encore avoir ?

Ont-ils donc faim pour faire un tel métier ? Ou bien la « gloriole » de se voir imprimés dans la *Nature* ou ailleurs, leur fait-elle oublier toute pudeur ? Parbleu, moi aussi je pourrais, à ce compte-là, écrire dans la *Nature*. La demande m'en a été faite par M. G. Tissandier en personne. J'ai protesté au contraire contre cette sotte et impudente façon d'agir et, comme preuve, je possède du même M. G. Tissandier une lettre dans laquelle il reconnaît le bien fondé de mes réclamations. Il m'assure même qu'il va faire cesser ce genre de publication que, d'ailleurs, il continue imperturbablement, malgré sa promesse !

Les personnes qui, par goût ou pour toute autre raison, désirent connaître soit certains tours, soit les principes fondamentaux et procédés d'exécution de notre art, ont assez de livres spéciaux à leur disposition. Par le livre, la divulgation est beaucoup moins étendue. Elle s'adresse, en ce cas, à des personnes qui ont plutôt intérêt à garder pour elles ce qu'elles ont appris.

Mais le journal et la revue vous entourent de toutes parts. Ils vous poursuivent et vous provoquent même à l'étalage. Ils vous font la divulgation forcée et vous la portent à domicile. Vous êtes, en quelque sorte et malgré vous, abreuvés de secrets et bourrés de trucs et de mystères. Tout cela ne vous sert à rien si vous n'opérez pas, et à fort peu de chose si vous opérez.

Ainsi donc, par une regrettable manœuvre, la prestidigitation, cette *reine des arts*, comme l'appelle pompeusement un fanatique collègue, est déflorée, prostituée même ! On se plaint qu'elle soit dans le marasme. Mais vous contribuez à l'y plonger avec votre intempestive manie d'écrire et de divulguer. Et lorsque vous faites un tour que vous croyez appelé à un certain succès, au lieu de recevoir des éloges, vous vous exposez à ce qu'on vous crie : « Connu ! j'ai vu cela dans tel journal ! » Vous voilà bien avancés !

Vous croyez très intelligent de dévoiler les mystères d'une profession qui ne vit précisément et n'a sa raison d'être que si elle reste mystérieuse aux yeux du plus grand nombre, c'est-à-dire de ceux qui peuvent contribuer au succès de vos séances.

Continuez donc votre inqualifiable et dangereuse campagne. Si un jour ce nouveau genre de spéculation vous conduit à manquer de pain, rassurez-vous, il y aura toujours assez de foin et de chardons pour vous nourrir.

Heureusement vos sottes divulgations sont bornées, comme le sont aussi votre adresse et votre intelligence.

Vous pouvez, il est vrai, expliquer d'une façon relativement compréhensible comment on fait une omelette dans un chapeau, ou autre tour analogue, vous êtes assez « cuisiniers » pour cela ; mais vous serez toujours impuissants à démontrer les merveilles de l'art vrai, ainsi que les manifestations du véritable talent, attendu que vous n'en possédez aucun. Ce que vous faites est à la portée du premier plumitif venu. Encore vous en tirez-vous fort mal, et, le diable m'emporte ! si vos lecteurs sont capables de comprendre certaines de vos explications. Ce qui est, d'ailleurs, fort heureux ! Si je proteste, c'est surtout au nom de la logique et dans un intérêt beaucoup plus général que particulier.

Il en est, enfin, qui poussent la sottise jusqu'à divulguer les tours en public, joignant ainsi l'action à la parole. C'est le comble de l'aberration. Ils se croient très forts en démontrant le mécanisme de certains appareils, qu'ils n'auraient jamais su inventer eux-mêmes et dont, au surplus, la démonstration est à la portée du premier maladroit venu. Réduisez-les au seul exercice de leurs deux mains, ils deviennent aussi incapables de faire un tour qu'un âne de jouer de la clarinette.

Nous croyons avoir accompli un devoir en disant ce que nous pensons de tous ces charlatans que nous avons pris à partie dans certains chapitres de ce volume : jongleurs, trucqueurs, spirites, mystificateurs, endormeurs, magnétiseurs et autres farceurs. Nous tenons surtout à tracer une ligne de démarcation entre eux et nous. Nous ne voulons pas être confondus avec ces égarés plus ou moins scientifiques, car nous croyons avoir au moins sur eux cette supériorité morale de nous donner pour ce que nous sommes réellement.

Le souci d'un vrai prestidigitateur doit être, avant tout, de se faire passer pour un homme adroit, et non pour un sorcier. Et, de fait, il n'y a aucun sortilège dans notre cas. Si quelques-uns des effets que nous produisons paraissent surnaturels, les causes n'en sont pas moins fort naturelles. Notre mission consiste à produire des illusions. Il y a tant de personnes qui ont perdu les leurs, que beaucoup plus de monde devrait, il me semble, se grouper autour de nous pour assister aux charmants petits miracles que nous produisons.

Quand on arrive à intéresser avec ces fantaisies pseudo-magiques, avec ces tours de cartes si merveilleux en certaines mains, n'a-t-on pas aussi bien mérité du public que ces avortons prétendus scientifiques venant soutenir qu'un homme ou une femme peut penser avec la tête d'un autre? Ou que ces illuminés qui, à propos de spiritisme, racontent les jolies balivernes que vous savez? Ou que ces soi-disant invulnérables étalant à nos yeux, avec une rare impudence, la grossière et répugnante apparence de quelque impossibilité physiologique?

Nous, au moins, quand nous disons que nous faisons disparaître un objet quelconque, quand nous le faisons passer invisiblement d'un endroit à un autre, quand nous faisons sous vos yeux quelque singulière transformation, que ce soit à l'aide d'un « truc » ou par pure adresse manuelle, nous le faisons réellement. Nous n'attribuons pas ces résultats à la possession d'un fluide chimérique, et si, parfois, on excipe de quelque pouvoir magique, personne ne se méprend sur la valeur de cette plaisante affirmation.

Si on vous trompe en faisant un tour, c'est ouvertement, loyalement même, car vous êtes prévenus. C'est précisément en vous trompant le plus qu'on vous trompe le moins. Que vous importent les moyens employés, si l'effet vous saisit et entraîne vos applaudissements!

De plus, si l'opération est accompagnée d'une présentation humoristique et d'un amusant bagou, vous jouissez d'un spectacle d'autant plus intelligent qu'il est plus dépourvu de prétentions surnaturelles, magnétiques ou autres. Pour tant faire que de rechercher une distraction un peu mystérieuse, j'estime que c'est encore à la prestidigitation qu'il faut donner la préférence. Ce spectacle ne peut être que favorable à toute saine imagination. On peut trouver là l'occasion d'exercer sa perspicacité, en cherchant à découvrir le « truc ». Cela n'est pas défendu.

Cette occupation ne peut, en aucun cas, pervertir l'esprit ni fausser le jugement, comme les prétentieuses càlembredaines des disciples de Mesmer. Et, soit au théâtre, soit au salon, un intermède ou une séance de bonne prestidigitation doit faire partie de toute soirée bien composée. Ce genre peut, à l'occasion, reposer de quelque audition musicale ou littéraire, parfois fort belles, mais qui, parfois aussi, ne se trouvent pas mal d'une agréable diversion.

C'est la meilleure conclusion que nous puissions donner en terminant ce modeste opuscule. Nous espérons qu'elle sera adoptée par toutes les personnes de bon goût.

Que le public d'une part, et les artistes de l'autre, y mettent chacun un peu de bonne volonté, et il y aura encore de beaux jours pour l'art charmant de la vraie, bonne et honnête prestidigitation !

TABLE DES CHAPITRES

	Pages.
Avant-propos.	v
I. — Aperçus généraux.	5
II. — Aperçus généraux (*suite et fin*).	16
III. — *Modus faciendi.* — En province.	30
IV. — En province (*suite*).	48
V. — En province (*suite et fin*).	61
VI. — Paris.	79
VII. — Paris (*suite et fin*).	98
VIII. — Magnétisme.	121
IX. — Magnétisme (*suite*).	137
X. — Magnétisme (*suite et fin*).	160
XI. — Une histoire.	177
XII. — Spiritisme.	197
XIII. — Les Aïssaouas	214
XIV. — Conclusion	233

FIN

1852. — Imprimerie Ch. Noblet, rue Cujas, 13, Paris.

www.ingramcontent.com/pod-product-compliance
Lightning Source LLC
Chambersburg PA
CBHW050328170426
43200CB00009BA/1501